中国风景名胜区游览手册④

重庆市

中国风景名胜区协会　编著

中国建筑工业出版社

本册编委会

中国风景名胜区协会联系地址：

北京市三里河路13号中国建筑文化中心C座8002室(100037)
北京市海淀区首体南路9号主语国际7号楼7层(100048)
电　　话：010-58934125/88082759/68790496
传　　真：010-58934125/88082759/68790496
电子邮箱：china_fjms@163.net

序　言

中国山河壮丽、景观奇特、历史悠久、文化灿烂，具有丰富的风景名胜资源，这是大自然和前人留给我们的宝贵遗产。正如温家宝总理所指出的“风景名胜区集中了大量的自然和文化遗产，是自然史和文化史的天然博物馆”。国务院2006年颁布的《风景名胜区条例》中，明确指出风景名胜区是“具有观赏、文化或者科学价值，自然景观、人文景观比较集中，环境优美，可供人们游览或者进行科学、文化活动的区域”。自1982年以来，国务院先后七次公布了208个国家级风景名胜区，各省、自治区、直辖市也设立了701个省级风景名胜区，我国风景名胜区的总数已经达到909个；其中有30处国家级风景名胜区被联合国教科文组织世界遗产委员会列入《世界遗产名录》。风景名胜区吸引着大量中外游客络绎前往，其自然与历史、人文资源越来越被社会所关注。

切实保护和合理利用风景名胜资源，对于改善生态环境，发展旅游业，弘扬民族文化，激发爱国热情，丰富人民群众的文化生活具有重要的意义。中国风景名胜区协会组织编著这套《中国风景名胜区游览手册》工具书，对于保护、宣传、推广和展示风景名胜资源，必将起到十分积极的推动作用。

住房和城乡建设部副部长　**仇保兴**

2010年8月1日

前　言

《中国风景名胜区游览手册》(后简称《游览手册》)是我国风景名胜区行业首次以整体形象和统一品牌面向广大游客出版发行的游览手册，也是我国风景名胜区行业权威、全面和实用的游览系列工具书。《游览手册》集中收录了我国国家级和部分省级风景名胜区最新的游览资讯及各类综合信息，全面反映了我国风景名胜区珍贵的风景名胜资源价值和游览服务水平，以满足日益增长的国内外游客自助旅游的需求。

《游览手册》按照地理和省区行政区划分布，整合各类风景名胜资源，将风景名胜区分若干个区片组成分册陆续出版。《游览手册》以图片和文字形式展示了风景名胜区的自然和人文资源特征，翔实地介绍了风景名胜区的资源概况、主要景点、精品线路、门票及观光车票价格、区内交通、住宿餐饮、旅游购物、安全救助和景区游人中心情况，并为读者提供详细的交通区位、导游图以及风景名胜区管理机构的通信方式、游览咨询点、游客投诉点、医疗服务点、电子邮箱、门户网站等相关信息。

为方便风景名胜区游客个性化游览查询，满足广大游客自助旅游的需求，《游览手册》特别增加了风景名胜区自驾车旅游服务涉及的交通站点（包括车、船、索道等）、停车场、加油站、汽车修理以及配套设施的翔实资讯；向游客推介风景区的特色观赏和体验、民族民俗展演活动及“农家乐”、家庭旅馆等；同时，简述风景区的季节和气候特点，为游客提供景区历年月平均气温值及游客穿衣提示、住宿选择；推荐特色美食和当地景区名、优、特产品等。

《游览手册》的出版得到了各省区风景名胜区管理机构、各级建设行政主管部门以及相关单位、部门的大力支持和协助，为此，特表示由衷的谢意。

目　录

重庆市

_重庆市 CHONGQING

重庆市风景名胜区概况

重庆市风景名胜区工作起步于1982年，当时仅有国家级风景名胜区2个。1997年重庆直辖，有国家级风景名胜区4个，市级风景名胜区10个。

直辖以来，重庆市风景名胜区事业取得了长足进步。截至2010年底，拥有市级以上风景名胜区36个，其中，国家级风景名胜区6个，市级风景名胜区30个，总面积4945.87平方公里，占市域面积的6.01%。大足石刻、武隆喀斯特被分别列入世界文化遗产和世界自然遗产名录；奉节天坑地缝、南川金佛山被分别列入国家自然遗产预备名录。

1998年，重庆市人大颁布了《重庆市风景名胜区管理条例》，修订的《重庆市风景名胜区条例》已于2008年8月1日起实施；《重庆市武隆喀斯特世界自然遗产保护办法》已于2010年3月1日正式施行。

重庆市政府设立了以分管副市长任主任，市政府分管副秘书长、市园林局局长任副主任，规划、建设、环保、文物、林业等15个市级相关部门领导为成员的重庆市风景名胜区管理委员会，负责协调风景名胜区保护管理工作中的重大问题。市风景名胜区管理委员会下设办公室，办公室设在市园林局。市政府确定市园林局为全市风景名胜区行政主管部门，内设风景名胜区管理处和世界自然遗产管理办公室，负责全市风景名胜区的监督管理工作。风景名胜区所在地区县（自治县）人民政府均设置风景名胜区行政主管部门和管理机构。

重庆市风景名胜区概况一览表

国家级					
序号	名称	批准成立时间	所处区县	总面积（平方公里）	资源特点
1	长江三峡	1982年11月8日	万州区、涪陵区、丰都县、忠县、云阳县、奉节县、巫山县、巫溪县	1095.60	江峡景观、文化遗址
2	缙云山	1982年11月8日	北碚区、合川区	170.00	森林自然景观、山水泉洞、宋古战场遗址、江峡景观
3	金佛山	1988年8月1日	南川区	441.00	原始珍稀森林
4	四面山	1994年1月10日	江津区	213.37	林湖石瀑
5	芙蓉江	2002年5月17日	武隆县	100.75	溶洞溪河、峡谷湖泊
6	天坑地缝	2004年1月13日	奉节县	397.00	地缝式峡谷、大漏斗奇观
省（直辖市）级					
序号	名称	批准成立时间	所处区县	总面积（平方公里）	资源特点
1	大足石刻	1999年4月16日	大足县	115.51	石刻艺术文化
2	南山—南泉	1999年4月16日	南岸区、巴南区	74.98	林泉抗战遗址
3	统景	1999年4月16日	渝北区	8.82	温泉峡猿
4	红池坝	1999年4月16日	巫溪县	357.80	高山草场
5	百里竹海	1999年4月16日	梁平县	92.40	竹海景观
6	青龙瀑布	1999年4月16日	万州区	60.13	高位瀑布
7	小南海	1999年4月16日	黔江区	26.94	地震遗址湖泊
8	小溪	1999年4月16日	涪陵区	24.70	巴文化、天生桥
9	歌乐山	1999年4月16日	沙坪坝区	51.00	森林、历史纪念地

重庆市风景名胜区概况一览表

10	东温泉	1999年4月16日	巴南区	57.20	温泉溪河
11	长寿湖	1999年4月16日	长寿区	245.22	湖泊
12	巴岳山—西温泉	1999年4月16日	铜梁县	45.20	森林温泉
13	定明山—运河	1999年4月16日	潼南县	32.10	民居寺庙、人造运河
14	黑山—石林	1999年4月16日	万盛区	105.00	石林森林、峡谷溪河
15	黑石山—滚子坪	1999年4月16日	江津区	179.45	石瀑山水林
16	龙泉	2000年10月17日	万州区	59.86	温泉溶洞溪河
17	甘井沟	2000年10月17日	忠县	65.20	山林溪、古文化遗址
18	青龙湖	2000年10月17日	璧山县	26.90	山林湖泊
19	黄水	2000年10月17日	石柱县	101.60	山林
20	小三峡	2000年10月17日	巫山县	370.00	山水峡谷
21	潭獐峡	2002年7月5日	万州区、云阳县	74.20	峡谷河流
22	张关—白岩	2002年7月5日	渝北区	49.14	水溶洞、地下河
23	乌江百里画廊	2002年7月5日	酉阳县	217.96	江河峡谷
24	天生三桥	2002年7月5日	武隆县	49.91	天生桥群、地缝式峡谷
25	明月山	2002年7月5日	垫江县	118.10	山林、盐浴、牡丹花海
26	歇凤山	2004年12月30日	万州区	100.50	溪河峡谷
27	古剑山—清溪河	2006年1月23日	綦江县	73.58	寺庙溪河
28	九重山	2006年1月23日	城口县	47.05	草场峡谷
29	后坪天坑	2006年12月31日	武隆县	39.00	天坑群
30	酉水河石堤	2009年3月9日	秀山县	28.70	人文河流

重庆市风景名胜区分布图

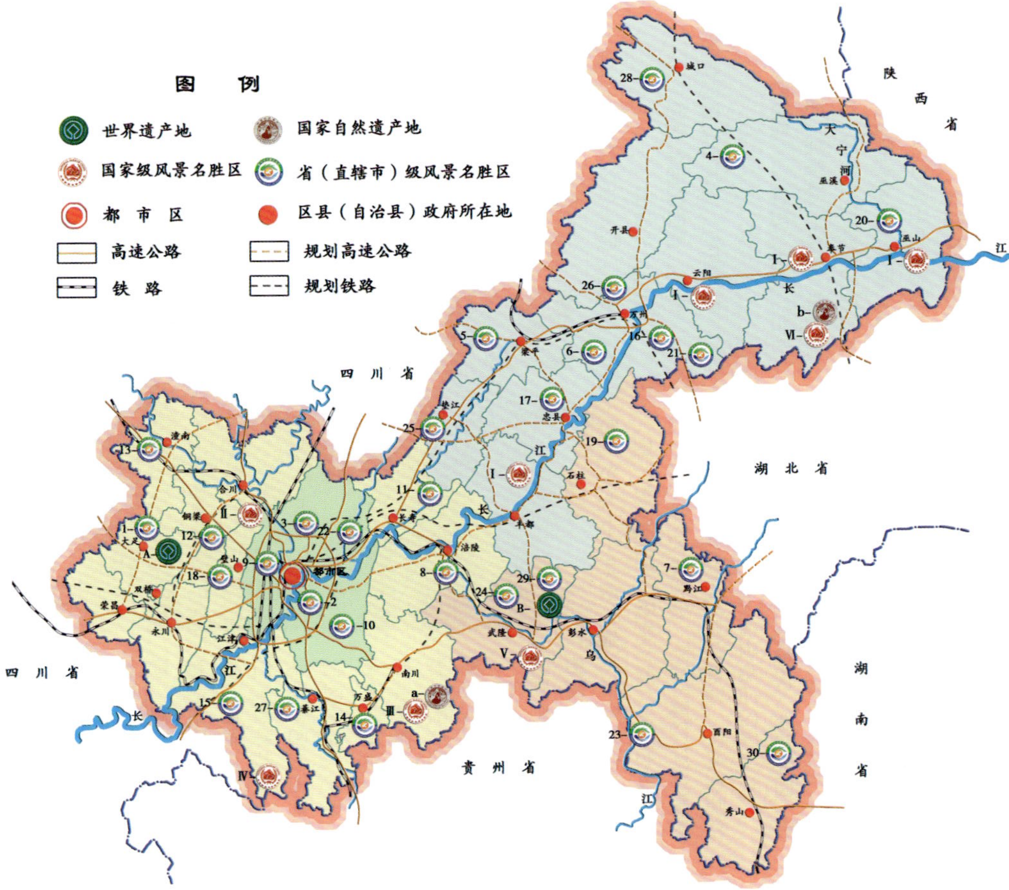

重庆市风景名胜区概况

风景名胜区分为国家级和省级风景名胜区。重庆市拥有6个国家级风景名胜区和30个省（直辖市）级风景名胜区。其中有世界自然遗产1个、世界文化遗产1个，国家自然遗产2个。

世界遗产地

A 大足石刻世界文化遗产

B 中国南方喀斯特世界自然遗产

国家自然遗产地

a 金佛山风景名胜区

b 天坑地缝风景名胜区

国家级风景名胜区

Ⅰ 长江三峡（重庆段）风景名胜区

Ⅱ 缙云山风景名胜区

Ⅲ 金佛山风景名胜区

Ⅳ 四面山风景名胜区

Ⅴ 芙蓉江风景名胜区

Ⅵ 天坑地缝风景名胜区

省（直辖市）级风景名胜区

1 大足石刻风景名胜区

2 南山—南泉风景名胜区

3 统景风景名胜区

4 红池坝风景名胜区

5 百里竹海风景名胜区

6 青龙瀑布风景名胜区

7 小南海风景名胜区

8 小溪风景名胜区

9 歌乐山风景名胜区

10 东温泉风景名胜区

11 长寿湖风景名胜区

12 巴岳山—西温泉风景名胜区

13 定明山—运河风景名胜区

14 黑山—石林风景名胜区

15 黑石山—滚子坪风景名胜区

16 龙泉风景名胜区

17 甘井沟风景名胜区

18 青龙湖风景名胜区

19 黄水风景名胜区

20 巫山小三峡风景名胜区

21 潭獐峡风景名胜区

22 张关—白岩风景名胜区

23 乌江百里画廊风景名胜区

24 天生三桥风景名胜区

25 明月山风景名胜区

26 歇凤山风景名胜区

27 古剑山—清溪河风景名胜区

28 九重山风景名胜区

29 后坪天坑风景名胜区

30 酉水河石堤风景名胜区

缙云山风景名胜区
北泉 景区

北温泉风景名胜区是国务院确定的首批国家级风景名胜区、国家AAAA级景区。它的前身是创建于南朝刘宋景平元年(公元423年)的温泉寺。公元1007年（北宋真宗景德四年）温泉寺被朝廷封赐为崇胜禅院；1927年，著名爱国实业家卢作孚先生将其创建为嘉陵江温泉公园。

素有“嘉陵江上的明珠”美誉的北温泉，背靠缙云山、地处在嘉陵江小三峡温汤峡（又称温塘峡）中。她小巧精雅，风景独好，集山、水、林、泉、峡、洞、寺于一体，有步移景异之妙，其山岳江河、温泉峡谷、丛林古刹、溪流瀑布、奇葩异卉，展示了巴山蜀水幽、险、雄的特色。纵贯于北温泉上下的关圣殿、接引殿、大佛殿、观音殿，四殿相接，朱檐碧瓦，雄伟壮观。

北温泉的自然资源十分丰富，除有充足的温泉水外，还有独特的植物资源，有木本植物93科232属374种。绿地率为74.8%，绿化覆盖率达85%。满山苍翠，自然植被完整，景区内有国家保护珍稀树种——水杉、银杏、红豆杉、青檀等，有本地特有树种——缙云八角、缙云槭、北碚猴欢喜、缙云卫矛、北碚榕等，其中北碚榕为北泉独有的模式植物。此外还留存有古树名木70余株。有流翠园、古香园、石刻园、戏鱼池、乳花洞、荷花池、观鱼池、有汤池、兰池、行知桥、濂溪亭、桃花溪、温汤史歌等景点。

温泉寺后侧山麓，为宋代摩崖石刻。温泉内，建于20世纪二三十年代的数帆楼、柏林楼、竹楼、磐室、农庄已成为抗战历史名楼，周恩来、朱德、董必武、刘伯承、贺龙、郭沫若、陶行知、梁漱溟、晏阳初、杨尚昆、李鹏以及蒋介石、林森、布什等中外要人曾在此休憩和下榻，并留下大量珍贵的墨宝。

近年来，北温泉引进具有国际水准的云南柏联SPA温泉，将北温泉原有的园林环境，营造成为柏联SPA温泉天造地设的景观氛围。新增设风格迥异的26泉池，被巧妙地设置在北温泉的山、园、桥、洞、林里，错落有致，其间小溪潺潺，蜿蜒曲折，杜鹃、玉兰、紫薇、芭蕉……点缀万绿于其中。

管理机构：重庆市北泉风景区管理处
地址：重庆北碚北温泉
邮编：400700
电话：023-68222526

北温泉

MAP

北泉风景名胜区导游图

交通 出行宝典 TRANSPORTATION

国道212线横贯南北，襄渝铁路、渝合高速公路纵贯东西，嘉陵江水道直下长江；距重庆江北国际机场仅29公里，成渝高速公路入口处30公里，距北碚火车站2公里，距朝天门码头40公里，是重庆到川北各地的交通枢纽。重庆市区有开往景区的旅游专线车，北碚城区均设有定时定点旅游班车，可直达北温泉。

旅游服务 TRAVEL SERVICE

游客中心

北泉游客中心设置有中英文对照的大型导游全景图和景区旅游信息触摸屏，全方位介绍景区内的资源、人文景观、服务功能、活动内容和游览指南等。在游客中心设置了宣传资料柜，有景区导游图、明信片、画册、音像制品等宣传品。并在游客中心开设了邮政服务台，为游人提供纪念邮戳、纪念封等多种纪念服务。同时还设有旅游商品专柜，陈设有地方的特产、工艺品供游人选购。另外游客中心还设立了专门的医疗救护站，为处理意外及突发性疾病提供及时的援助。

温泉公园

温泉公园距重庆市中区52公里。公园依自然地形而建，面积为10公顷，小巧玲珑，楼台亭阁错落有致，翠竹森森，林木葱茏，山光水色，风景如画。园内有洞谷、飞泉假山、鱼池、小树、寺殿等。

温泉寺

是北温泉公园的前身，初建于南朝刘宋景平元年(423年)，重建于明宣德七年(1432年)。寺内自下而上有四大殿：关圣殿、接引殿、大佛殿、观音殿。关圣殿，又称三圣殿，为温泉寺山门。接引殿后有一山泉细流汇成的方池，池上石桥栏杆上刻有麒麟、芭蕉及花鸟等图案，皆为明代之作。大佛殿内现存一尊明代佛像；殿前一对石狮怀抱小狮，十分别致。观音殿以石柱支撑，铁瓦盖顶，俗称“铁瓦殿”。

四大殿东有古香园、石刻园、观鱼池、荷花池，北有乳花洞、五潭印月等景点。古香园系温泉寺旧址，园中古木参天，浓荫蔽日，存有宋、明、清三代僧人墓塔，其中明代盘龙塔为石刻珍品。石刻园内多为宋、明、清三代石碑，其中有十八尊罗汉石像，为宋代摩崖石刻，具有很高的历史价值。陈列于碑亭内的明代盘龙塔，高2米多，用整石雕凿而成。塔体五层，每层分别刻有莲花、佛像、狮子等。塔的造型生动，是珍贵的历史文物。乳花洞，洞深70余米，洞内迂回曲折、纵横交错，钟乳悬垂，石笋林立，是游人探幽勘险之处。

特色观赏和体验 UNIQUE SCENERY & FESTIVALS

北温泉

北温泉以泉得名，三股泉水自石孔中喷涌而出，股股泉水似串串银珠，顺着垂于陡岩的黄桷树根飞流而下，好一幅苍龙飞瀑图。温泉水引入水榭荷池，游鱼不畏其热，可称一奇。桥下池中鱼群追逐，桥上游人凭栏戏鱼。明代“鱼游白沸仍依藻”，清人刘道开亦存“几个长松巢野鹤，一池温水跃神鱼”之句。当代文豪郭沫若“汤温鱼意乐”的诗名正是描写此情此景。园中荷花池，系温泉山泉相融合，特宜种植并蒂莲，池畔桃红柳绿，花香四溢。登池畔濂溪小岛，宛如身浮水山，与石刻园上的曲桥相映，皆入水中，如俯视水中倒影，有落入九天之感。

北温泉

北泉四季 SEASON

北泉属亚热带季风性湿润气候，年平均气温在18℃左右，冬季最低气温平均在6～8℃，夏季平均气温在27～29℃，日照总时数1000～1200小时，冬暖夏热，无霜期长、雨量充沛、温润多阴、雨热同季，常年降雨量1000～1400毫米。

购物指南 SHOPPING GUIDE

北泉手工面、缙云甜茶、西农茶、静观醋、静观小米、竹笋、蕨菜、三峡石砚、缙云蝴蝶卡、书画、根雕等。

缙云山风景名胜区

钓鱼城 景区

钓鱼城屹立在重庆市合川区东城半岛的钓鱼山上，是重庆直辖市唯一获“国家级风景名胜区”和“全国重点文物保护单位”两项殊荣的游览胜地。

宋蒙（元）战争时期，四川安抚制置使兼知重庆府余玠为抗击蒙古军队的进攻，采纳播州（今贵州遵义）冉琎、冉璞兄弟的谋略筑城钓鱼山，徙合州及石照县治移其上，屯兵积粮，以作重庆屏障。

从公元1243年到1279年，南宋合州军民在守将王坚、张珏的率领下，凭藉钓鱼城天险，婴城固守，浴血奋战，历经大小战斗200余次，抵御了当时世界上最强大的军事力量——蒙（元）精锐之师，创造了守城抗战36年这一古今中外战争史上罕见的奇迹。公元1259年，蒙哥大汗（元宪宗）战死在钓鱼城下，致使蒙古汗国从欧亚战场全面撤军。钓鱼城由此以“延续宋祚、缓解欧亚战祸、阻止蒙古向非洲扩张”的丰功伟绩震惊了世界！

钓鱼城是迄今我国保存最完好的古战场遗址。在2.5平方公里的主景区内，现留存有8公里城垣、8座城门、炮台、水军码头、兵工作坊、暗道出口、军营校场、天池泉井等南宋军事及生活设施遗址；有远古遗迹钓鱼台、唐代悬空卧佛、千佛崖、弥勒站佛、800年古桂树、天泉洞、薄刀岭、三龟石、护国寺、忠义祠、三圣岩、鱼山八景等名胜古迹；还有文天祥、刘克庄、杨慎、陈毅、郭沫若、周谷城、张爱萍、刘白羽等历代名家的吟咏以及蒋中正、何应钦、张治中等国民党军政要人的摩崖题记。

管理机构：钓鱼城风景名胜区管理局
地址：重庆市合川区石马街4号
邮编：401520
值班电话：023-42822763
传真：023-42822763
电子邮箱：diaoyucheng_cq@126.com
门户网站：http://hcdg.hc.gov.cn

钓鱼城护国门雄关

MAP

钓鱼城风景名胜区导游图

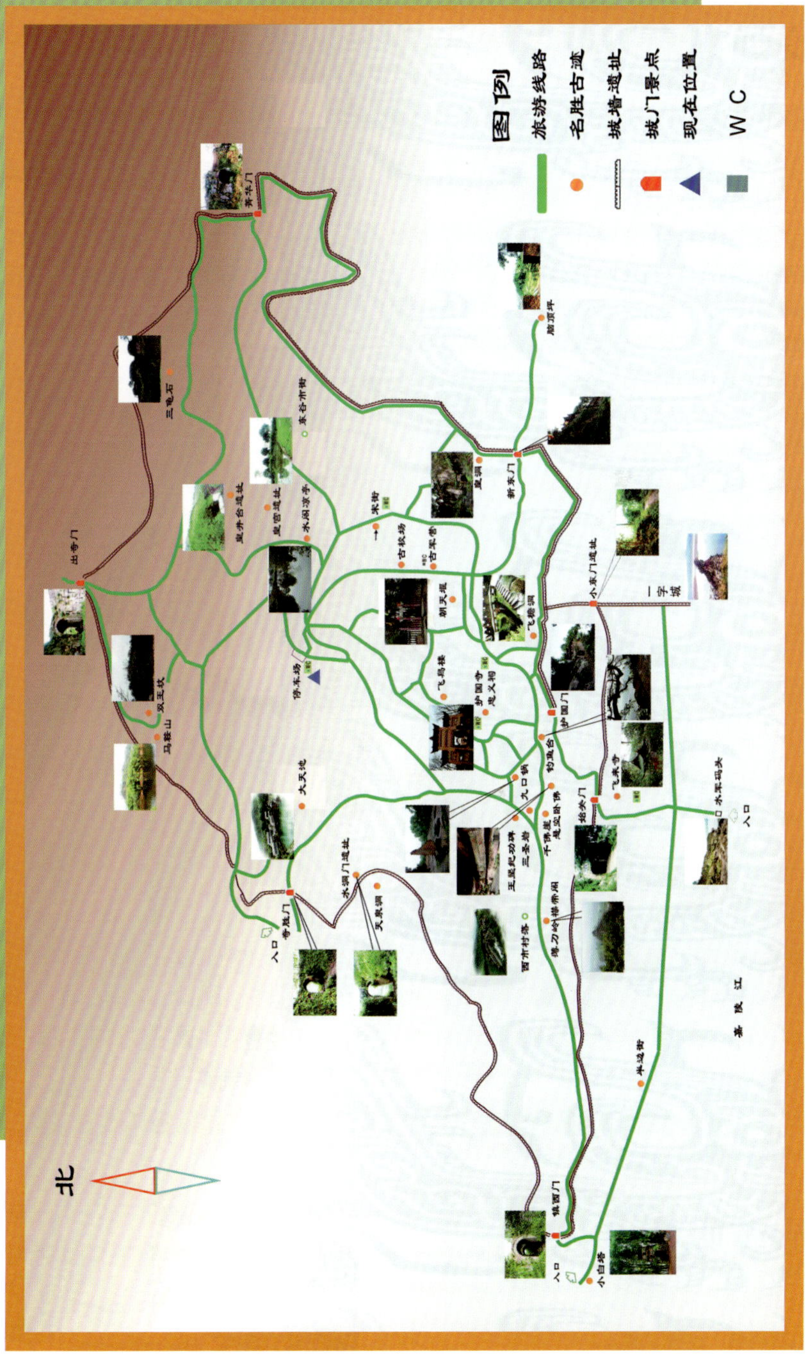

交通 出行宝典 TRANSPORTATION

区外交通

江北机场，乘机场大巴至菜园坝汽车站，再换乘大巴至合川。

遂渝快速铁路至合川站，乘202路公交车至客运中心，再换乘111路公交车至钓鱼城。

游客赴钓鱼城大多取道重庆，在重庆菜园坝或龙头寺汽车站乘大巴经渝武高速公路至合川，再乘111路公交车至钓鱼城。

※特别提示：

合川区上什字东路渝合加油站、合川区合阳城将军路环城加油站、三角花园加油站。

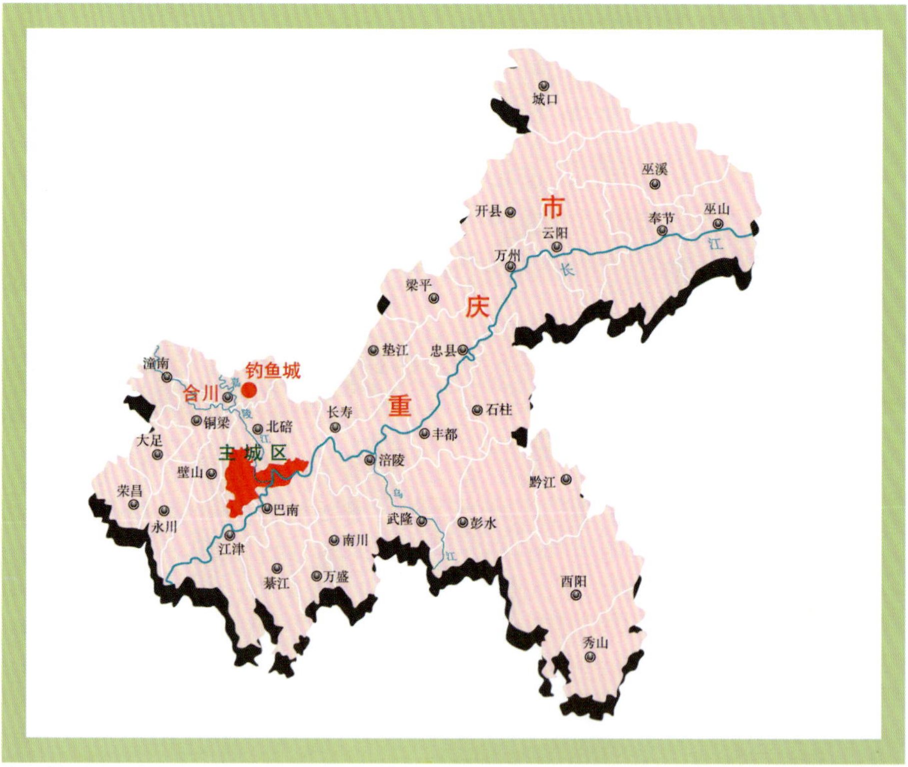

钓鱼城区位图

旅游服务 TRAVEL SERVICE

游客中心

门票价格：60元／人

游客投诉：023-42822763

钓鱼城游客中心

精品线路 a

三圣岩与“古钓鱼城”石刻

水军码头—护国名山石坊—站佛—始关门—钓鱼城摩崖—护国门—抗战时期题刻—独钓中原石坊—钓鱼台—卧佛岩—千佛崖—三圣岩—王坚纪功碑—上天梯—九口锅—护国寺—忠义祠—石照县衙—古军营—校场

精品线路 b

校场—古军营—东新门—飞檐洞—观景台—炮座遗址—护国门—钓鱼城摩崖—抗战时期题刻—独钓中原石坊—钓鱼台—卧佛岩—千佛崖—三圣岩—王坚纪功碑—上天梯—九口锅—护国寺—忠义祠—石照县衙

起伏的城南城垣

水军码头

整座码头分为东、西两大部分。总长400余米，东部为自然港湾，供水军战船停泊。西部是前伸至江边的码头平台，以巨石垒砌而成，筑有五层平台，以供修造战船、给养囤积，以及水军驻扎和守城将领指挥作战之用。

护国门

位于城南第二道防线上，系扼守城内外交通的重要孔道。城门东西向，右倚峭壁，左临悬崖，当年曾施以栈道出入。现存双拱门洞曾经过明清时代培修，门洞上题额“全蜀关键”四字。

钓鱼台

台为一尊高11米、顶部砥平的巨石，凌空突兀。台石上有一对长约1米的凹坑，形似脚印。

远古遗迹——钓鱼台

卧佛

是创作于唐代的一尊巨型石刻。佛像就一尊悬空的崖壁凿成，背北面南，头西脚东，袒胸露肌，面形丰满，端庄慈祥，情态自然。钓鱼城卧佛凭虚而卧之奇观为国内罕见。

唐代悬空卧佛

护国寺

为唐代合州名僧石头和尚创建。南宋绍兴二十五年（1155年），思南宣慰田少卿捐资整修，“建堂殿廊庑百有余间”。元大德二年（1298年）遇兵燹，明弘治七年（1494年）在原址上重建。明清之交，寺庙再次毁于战火之中。现存护国寺是清雍正五年（1727年）再度重修，道光十三年住持僧智慧历经两年的维修与添补而遗留下来的。

合州名刹——护国寺

住宿 ACCOMMODATION

锦城宾馆

宾馆：

1. 锦城宾馆
   合川区瑞山西路
   023-42898888　￥280
2. 江城明珠大酒店
   合川区南津街振兴路246号
   023-64286677　￥200
3. 合州大酒店
   合川区瑞山路1号
   023-64289999　￥160
4. 三洋大酒店
   合川区柏树街
   023-42846866　￥130
5. 钓鱼城宾馆
   合川区南津街书院路339号
   023-42746777　￥100
6. 江州宾馆
   合川区苏家街121号
   023-42863333　￥130

（以上价格以实际为准）

美食推荐 CUISINE

合川肉片是合川的传统名菜，是川渝菜系中的风味菜肴，色泽金黄，酸甜带辣，外脆内嫩，鲜美可口，独具特色。

合川肉片

购物指南 SHOPPING GUIDE

当地知名、优质的土特产品：
合川桃片、合川肉片、野生葛粉、天星醋。

工艺品、旅游纪念品：
合川峡砚。

合川桃片

峡砚

野生葛粉

缙云山风景名胜区

缙云山 景区

缙云山位于重庆市北碚区境内，嘉陵江小三峡温塘峡西岸，面积7600公顷，海拔350～951.5米，是国家级风景名胜区、国家级自然保护区和国家AAAA级旅游区，同时也是重庆市植物园所在地。

缙云山植物资源丰富，有维管束植物1966种，其中，国家重点保护植物45种，模式植物38种，是长江中上游地区具有典型代表性的亚热带常绿阔叶林林区和植物种基因库。先后被国家有关部门授予“中国中小学绿色教育行动野外实习基地”、“全国青少年科技教育基地”、“全国野生动植物保护基地”、“重庆市环保教育基地”、“重庆市绿色教育基地”等称号。

缙云山旅游资源也十分丰富，素有“小峨眉”之称。主要景点有狮子峰、香炉峰、佛光岩、相思岩、舍身岩、黛湖、白云竹海等自然景观，有缙云寺、温泉寺等八大古刹，晚唐石照壁、宋代石刻、明代石牌坊、原世界佛学苑汉藏教理苑遗址、原中共西南局领导夏季办公旧址，以及观景塔、绍龙观、白云观道教文化园区等人文景观数十余处，是驰名中外的佛教圣地和旅游、度假、避暑的理想之地，也是开展森林科考研究、生态教学实习及中小学生环保教育的理想之地。

管理机构：重庆缙云山国家级自然保护区管理局
地址：中国重庆市北碚区缙云山
邮编：400702
咨询电话：023-68223708
传真：023-68347126
电子邮箱：cqjysglj@163.com
网址：www.jinyunshan.com

缙云山风景名胜区导游图 MAP

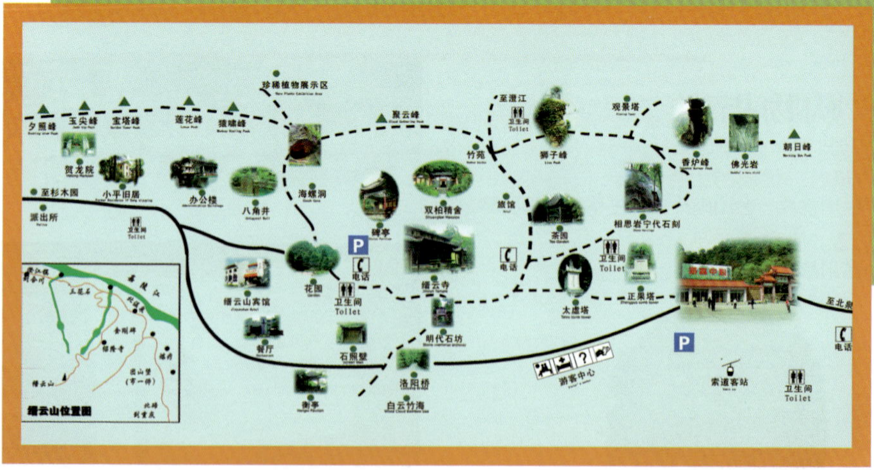

交通 出行宝典 TRANSPORTATION

区域交通

公共汽车线路：解放碑、南坪、杨家坪均有公共汽车到北碚，到北碚后在地下商场车站换乘至缙云山的旅游专线客车，或乘坐520路公交车，发班车时间为8:30，9:30，10:30，11:30，12:30，13:30，14:30，15:30，16:30，17:30，返程车在缙云山大门乘坐。

自驾车线路：1.渝合高速路缙云山出口下高速公路，15分钟即到。2.到沙坪坝经杨公桥、双碑、井口到北碚，沿国道212经文星湾大桥向合川方向到三花石上山。

缙云寺

位于狮子峰与聚云峰前，南朝刘宋景平元年（公元423年）由和尚慈应大师开山创建。现存的寺庙是清康熙二十二年（1683年）由破空和尚主持修复的。寺中自古办学，名为“缙云书院”。缙云寺汉藏教理院号称世界佛学苑四大分院之一。1930年秋，曾任世界佛学苑苑长、中国佛教学会会长、中国佛教整理委员会主任的太虚大师（1889－1947年）“游化入川”，得知四川刘湘有“选派汉人入藏”之意，乃建议成立汉藏教理院，以研究汉藏教理，融洽中华民族，发扬汉藏佛学，增进世界文化交流，得到了渝州（今重庆）军、政、金融界知名人士的大力支持，遂选定缙云寺作校址，推选

千年古刹缙云寺

刘文辉为名誉院长、太虚为院长、何北衡为院护，共同组成汉藏教理院董事会。该院办学20年，为我国培养了大批佛教人才。当年学生现遍及世界各地，重庆佛教协会会长惟贤法师等均是太虚法师的学生。

寺内大雄宝殿上塑有迦叶古佛，高约2米。两旁站立帝释、梵天，都是清代塑像。其外有一匾额，上书“昙花蔼瑞”。寺内还有一口大铁钟，高约1.60米，底径1.50米，腰径0.9米，为清道光二年（1822年）所铸。山门外，两棵参天银杏直向青天，古刹钟声与山间松涛相映成趣。寺内的双柏精舍为方丈居室，两侧禅房与石刻，形成古色古香的意趣。

明代石坊

位于缙云寺山门前。坊高6米，宽5米，由青石砌成。其上雕有鸟兽等图案加以修饰，顶部有浮雕青石装点。坊正面上层嵌有“圣旨”二字，落款为：“大明二年十月十九日”；下层为“迦叶道场”四字额匾，于“明万历三十年正月九日化主稳通俊书”。坊背面上层嵌“敕谕”二字，下层为“缙云胜境”，落款为“明永乐五年十月十五日”。坊上题字苍劲有力，气势豪迈。坊前有一对石雕青狮，高1.70米，两旁分列，虎视眈眈。

明代石坊

石笋

在夕照峰北麓，有石如笋，拔地而起，突兀凌空，高20余米，光滑不可攀，石顶有少许杂草灌木，系缙云山优美风景之一。

石笋

狮子峰

海拔864米，峰顶岩石裸露，突兀嵯峨，在下仰望，好似一头雄狮俯卧峻岭，故名狮子峰。峰上建有太虚台，系1938年汉藏教理院的师生为庆贺中国佛教协会会长——汉藏教理院院长太虚法师五十大寿辰所建，专供太虚法师在此练功。登此峰有“山如碧玉水如黛，云在青天月在松”之意境。

狮子峰长廊

绍龙观

绍龙观始建于明代成化乙巳年（1485年），距今已有500多年的历史。道观于1998年3月开始重修，1999年2月正式对外开放。重修后的绍龙观，位于缙云山森林入口，坐西朝东，占地70余亩，共有三重主殿，八大殿堂。其建筑三面环山，一面临水，左侧一泓清泉汇入碧池，东边一片阔地恰似山门洞开，庙观在山峦碧水环抱之中，宛如坐落在山水构筑的太师椅上，极具道家所崇尚的“左倚青龙，右靠白虎，上有祥云飞驰，下有碧波荡漾”的仙境氛围。观内古松、银杏、香樟、桂花等古树参天，楠竹、慈竹、花竹相拥成片，更有相思、桫椤等珍稀植物。原古庙有联曰：“山如碧玉水如黛，云在青天月在松”，足见其自然风貌迷人。

古桂花树

绍龙观

香炉峰

海拔854米，与狮子峰相对，在峰崖旁生一石柱，高约20米，离峰崖3米，笔直耸立，其势险峻欲崩、石体隽秀、表面凹凸，形似长颈香炉，故名香炉峰。峰上筑有“青云寨”，峰顶建有高41.1米的观景塔。

香炉峰瞭望塔

香炉峰

缙云山游步道

缙云山四季 SEASON

缙云山属亚热带季风湿润性气候，年平均气温13.6℃，最热月（八月）平均气温24.3℃，最冷月（一月）平均气温3.1℃，相对湿度年平均87%。

住宿 ACCOMMODATION

宾馆、农家乐：

1.缙云山宾馆 023-68347100
2.古秀山庄 023-68221263
3.礼禄山庄 023-68221366
4.冬瓜农家乐 023-68220356
5.观霞山庄 023-68220366
6.白龙山庄 023-68220572
7.云鼎山庄 023-68221443
8.周二哥农家乐 023-68221140

购物指南 SHOPPING GUIDE

缙云山甜茶：缙云山甜茶系在春夏时节，采摘嫩叶、嫩枝蒸炒后揉搓焙干制成，其味甘甜芳香、无刺激性，长饮此茶对胃病有一定疗效，是糖尿病人理想的甜味饮品。

缙云竹笋：缙云山有竹类94种，一年四季均可采到嫩笋。人们经常食用的有楠竹笋、平竹笋、斑竹笋、水竹笋等。近年引进的甜竹笋为笋中上品，以鲜笋蒸、炒、炸、炖，其味清甜爽口。

缙云蕨菜：缙云山有蕨类植物148种，其中大多数的蕨芽均可食用。口感比较好的有亮毛蕨、密毛蕨、紫萁等。目前，缙云山制成鲜蕨菜和干蕨菜两种，已成为畅销的旅游纪念品。

菝葜：川西称都苔，缙云山当地称“金刚藤”，春夏时节采摘嫩梢做菜。一是将嫩梢制成咸菜，酸甜香脆，十分好吃；二是将嫩梢放入清水锅中煮熟捞出，或凉拌，或煎炒，别有一番风味。

长江三峡风景名胜区
巫山 景区

巫山县位于重庆市最东缘，地跨长江巫峡两岸，处于大巴山弧，渝东褶皱带，渝鄂湘黔隆起带三大构造单元的结合部。东北和神农架林区相邻，东与湖北省巴东县为界，南连湖北省建始县，西接重庆市奉节县，北交重庆市巫溪县。地理坐标为北纬30°与东经109°之间，年平均气温18.4℃。辖区面积2958平方公里，人口62万。

巫山旅游资源十分丰富，以峰奇峡幽闻名于世。长江三峡的巫峡全部与瞿塘峡的一半位于巫山县境内，巫山小三峡、小小三峡为全国首批AAAAA级旅游景区。“放舟下巫峡，心在十二峰”，著名的巫山“三台、八景、十二峰”屏列巫峡两岸，尤以“神女峰”最为吸引游客。境内峡谷中的雨景之奇、云态之美、变幻莫测、叹为观止。冬季两岸漫山遍野的红叶，更使游客流连忘返。近年新开发的神女溪景区、梨子坪森林公园也很有特色，大昌移民新镇及原样搬迁的大昌古镇典雅别致，与19平方公里的大昌湖相得益彰，最受游客青睐。巫山人文景观最具代表性的应是距今204万年前的大庙龙骨坡“巫山人”遗址，距今5000年前的大溪文化遗址，古巴人遗址，古汉墓等，巫山县城中心建有巫山博物馆，定时为游客开放。

巫山森林面积有100多万亩，各种植物300多种，桐油、核桃、板栗、柑橘等给当地农民带来很大的经济效益，天麻、灵芝、黄连、杜仲、党参等名贵中药材，极具开发价值。

巫山是一座金矿，是一颗璀璨的三峡明珠！

管理机构名称：长江三峡风景名胜区巫山管理局

地址：巫山县广东中路177号旅游大厦5楼

邮编：404700

高峡平湖巫山秀（摄影：宋开平）

交通 出行宝典 TRANSPORTATION

区外交通

西北方向和四川的游客，可坐经成都、达川至万州的火车，从万州港直接进入长江三峡。也可从成都双流机场坐飞机到万州五桥机场，从万州港直接进入长江三峡。还可直接从重庆、成都或西安等乘车从陆上高速路直达巫山。

西南方向的游客，一是从重庆朝天门码头上船经长江顺流而下进入大小三峡，二是经重庆江北国际机场坐飞机到万州五桥机场，直接进入长江三峡。也可乘车经渝宜高速路直达巫山。

东北、华北、华东、华南的游客。一是从当地乘火车到宜昌，直接进入长江。二是从当地坐飞机到宜昌三峡机场，再游大小三峡。三是从当地坐汽车经汉宜高速公路直达巫山。

注：巫山移民新城内自驾车停靠点

圣泉公园停车场：广东中路金汇大酒店斜对面 ☎ 023-57855555

汽车客运站停车场：平湖西路486号，县汽车客运站底楼 ☎ 18996506012

神女广场停车场：广东中路神女市场对面

巫山风景名胜区导游图 MAP

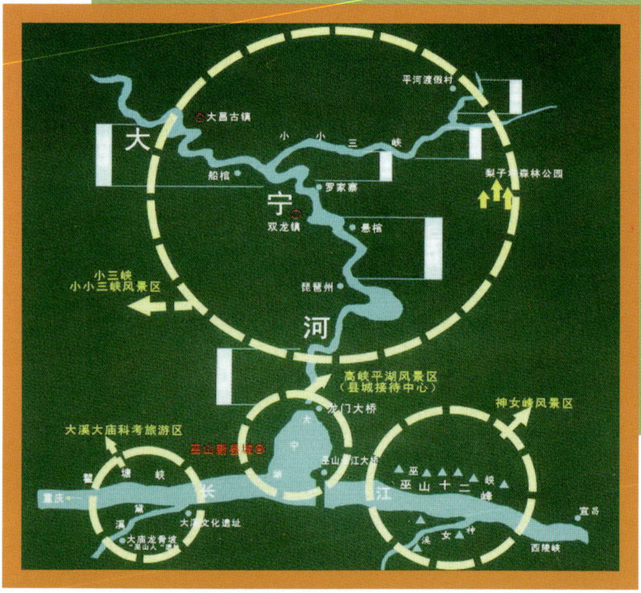

精品线路

线路一：小三峡、小小三峡一日游

线路二：小三峡、小小三峡—大昌古镇一日游

线路三：小三峡、小小三峡—大昌古镇—平河度假村环行漂流两日游或一日游

线路四：神女峰—神女溪一日游或两日游

线路五：梨子坪森林公园一日游或两日游

线路六：大庙龙骨坡“巫山人”遗址一日游

线路七：神女庙—文峰观一日游

线路八：巫山—长江大桥—望天坪一日游

长江三峡

秀美壮丽的长江三峡，是瞿塘峡、巫峡、西陵峡三段峡谷的总称，是整个长江风景线上最神奇秀丽的山水画廊，更是大自然赐给人类最为宝贵的财富。它西起奉节县的白帝城，东至宜昌市的南津关，全长193公里。三段峡谷风光各具特色。瞿塘峡挺拔险峻，以“夔门天下雄”闻名全世界；巫峡以幽深秀丽著称；西陵峡以“险”为特征，三峡大坝蓄水后，长江的急流险滩在西陵峡已不存在了，但又增加了极其壮观的三峡大坝这一世界级的新景观。

长江三峡（摄影：陈池春）

巫山十二峰

巫峡最负盛名就是巫山十二峰，它们分别坐落在巫山县东部的长江两岸，江南江北各有六峰，各距巫山县城约10～30公里不等。唐朝诗人元稹曾赋诗曰：“曾经沧海难为水，除却巫山不是云。”可见巫山云雨乃是天下云雨之冠了。乘船过峡，江北六峰有：“登龙”、“圣泉”、“朝云”、“神女”、“松峦”、“集仙”；江南六峰中，“净坛”、“起云”、“上升”陷于岸边山后，只有“飞凤”、“翠屏”、“聚鹤”可见。十二诸峰绮丽如画，姿态万千，古往今来，擅奇天下。“放舟下巫峡，心在十二峰”这两句古诗词道出人们对十二峰的倾慕之情，其中神女峰的秀美身姿更是吸引了众多游客的眼光。

轻舟已过万重山（摄影：向耀清）

巫山三台

1.楚阳台(即古阳台)　在巫山城北约二里的高邱山(一名高都山)上，台高一百丈，面对浩浩长江；半山腰有“观”，名叫高唐观，古庙已废。据史书记载，巫山之古阳台高唐，是因楚国宋玉作《高唐赋》而名始传。

2.授书台　位于巫山十二峰的飞凤山麓，在青石的西面，与神女峰隔江相对。这里有一个石坛，地势平旷。传说古时候，瑶姬带领众姐妹游东海回到巫山，见大禹正帮助三峡黎民百姓治水，正遇到困难。瑶姬就向大禹授天书于此平台，因此得名。

3.斩龙台　位于巫山县西部长江南岸的错开峡，距县城八十里，离黛溪镇约十里。黛溪水由南注入长江，峡谷幽深，两岸山势犬牙交错。东面的岩戳上，立着一根顶细底粗、高约60多米的圆形石柱，叫锁龙柱。隔峡相对的西面，有一个半环形的石岩，向上望去，形如同石鼓，传说这是大禹治水曾经锁龙之处，名斩龙台。

巫山八景

1.宁河晚渡　距城东约一里的象鼻山下，碧绿清澈的大宁河水，缓缓流入长江，天气晴朗的时候，每至日暮，霞光灿烂，烟雾横江，桨声一响，歌起人渡。

2.青溪渔钓　青溪在巫山城南下游十华里处，一山涧小溪流入长江，溪边绿竹夹洞，半露桥石，流水声声，环境特别幽静，是钓鱼的佳境。

3.阳台暮雨　位于城西约二里的高都山上，原是楚阳台古址。

4.南陵春晓　南陵山在巫山城对岸。山势巍峨，卉木丛生，山顶有古南陵观。每到春时，桃红梨白，飞瀑流湍，春意盎然。特别有趣的是南陵雄鸡，报晓最早。好似那巫山城一片明媚春光，都由南陵而来。

5.夕霞晚照　城隔岸东南，夕阳落时，光线被遮，但唯有杨柳坪石柱缝中，红霞一线射出。绿树千丛，霞光中分外逗人喜爱。

6.澄潭秋月　筌篌沱上卧巫溪(大宁河)东岸，有潭阔数丈，深千尺，清澄见底。每至秋季，月光如练，潭内特别光明。

7.秀峰禅刹　秀峰寺在城东北五里的五凤山上。上有殿宇，周围苍松翠柏，烟云鸟语，婉转不绝。

8.女观贞石　在城北四里的女观山上，有一石矗立，如人形，相传昔有女人，其夫宦蜀，登山望夫，因化为石，故名望夫石。

小三峡

大宁河小三峡，是宁河下游龙门峡、巴雾峡、滴翠峡的总称。游览大宁河小三峡，可饱览山雄、峰秀、水清、石奇、景幽的峡谷风光和奇山秀水特色。景区林木翠竹幅员18000亩。

龙门峡：“小三峡”的第一个峡谷，长约3公里，峡谷犹如瞿塘峡的“夔门”，故有“小夔门”之称。峡谷内两岸峰峦耸立，绝壁摩天，河东岩壁上有一清泉流入河中，人称“龙门泉”；河西绝壁上千年栈道遗孔随水位上升沉落湖中，显得更加神秘。

巴雾峡：出了龙门峡，舟行一段宽谷河流，即进入巴雾峡，峡长约10公里。峡内山高谷深，云遮雾障，怪石嶙峋，钟乳妖冶，构成一组组奇异的天然图画，令人目不暇接。在河东岸离水面四五米高的绝壁石缝中

小三峡（摄影：向耀清）

龙门峡古栈道遗址（摄影：宋开平）

猕猴——母子情（摄影：谭少华）

莲台峰（摄影：宋开平）

巴雾峡悬棺（摄影：宋开平）

鸳鸯戏水（摄影：宋开平）

还有一具黑色悬棺，据考乃战国时期巴人的悬棺，俗称“铁棺”。主要景点有马归山、虎出、龙进、仙女抛绣球、观音坐莲台、八戒拜观音、悬棺、白蛇钻洞等。

滴翠峡：继续向前就是小三峡中最长、最迷人的滴翠峡，峡长约20公里，峡中钟乳石遍布，石石滴水，处处苍翠。峡中绝壁连绵，叠峰参差，江水泛碧，竹木滴翠，彩石缀岸，飞瀑凌空，鸳鸯戏水，灵猴攀枝，是小三峡中最幽深、秀雅，最富诗情画意的一个峡。主要景点有牛掉尾、水帘洞、仙蕉林、牛肝马肺、摩崖佛像、天泉飞雨、罗家寨、绵羊崖、马渡河、登天峰、金猴峰、赤壁摩天、船棺、双鹰戏屏、飞云洞、迎客泉等。

栈道（摄影：王道中）

小小三峡

小小三峡是大宁河支流马渡河下游的三撑峡、亲王峡、长滩峡三段峡谷的总称，全长20公里。其间奇峰多姿、悬崖对峙、壁立万仞、山水相映、风光旖旎，犹如一处玲珑奇巧的峡谷盆景。被誉为“长江三峡最佳漂流区”的小小三峡漂流惊而不险，趣味横生，漂流途中，既可体验艇过浪尖的惊险感受，又可随波逐流尽情欣赏两岸一线天风光，还可触摸水中鹅卵石，低看鱼翔浅底，仰望鹰击长空，真有挡不住的诱惑。

小小三峡（摄影：向耀清）

大昌古镇

位于小三峡景区内的大昌古镇，是三峡库区仅有的保存最为完整的明末清初的古建筑群，距今已有1700多年的历史。古镇占地约十公顷，有“一灯照全城，四门可通话，堂上打板子，户户听得见”之说，被游人誉为“袖珍古城”。城内房屋青砖黛瓦，封火墙垛，飞檐翘角，雕梁画栋，木质门面，无一不展现出一种自然的华美，一种古朴的辉煌。

大昌古镇（摄影：向耀清）

特色观赏和体验 UNIQUE SCENERY & FESTIVALS

巫山红叶

在长江三峡库区两岸的山上，生长着数千亩红叶，每到深秋时节，起伏的群山成为红色的世界，为长江三峡的秋冬时节增添了一道独特景观。

在巫山看红叶既可乘车上山，随公路盘旋，一览众山红叶于眼底；亦可坐船饱览三峡红叶于两岸；还可以徒步山野红叶林中小道，骡马古道，与红叶亲密接触。在红叶中寻找诗中的灵感，采集红叶做标本……其乐无穷。

金秋红叶映三峡（摄影：曾寄峡）

巫山云雨

巫山云雨之美，从古至今为中国文人津津乐道，更让众多海内外游客大饱眼福。

巫山地处长江三峡腹心，长江在巍峨壮美的群山中穿行，形成了独特的峡谷奇观。巫山属亚热带季风气候，常年降雨量在1500mm。夏秋季节，高温多雨造就了美丽的巫山云霞景象，云在山间聚散、漂流，云与山水变幻莫测的组合，烟云聚散对照人生起伏，更加使人产生无穷的遐想。

正在升起的巫峡云团（摄影：向耀清）

巫山神女

巫山神女峰，古老中国最多情的一块石头，神秘东方最多梦的一块石头。神女在高高的崖壁上伫立，千百年来无数人仰望于她，将无数的情感寄托于她。

在百姓眼中，神女是胸怀博大的护佑之神，而在文人墨客的笔下，巫山神女是充满神秘的美的精灵，是豪情奔放的爱的化身。历代诗人的不绝咏唱，与浩浩长江一道，形成了环绕神女奔腾流淌的另一条文化江河，绵延不息，代代相传。神女文化也因此成为中国文化中一道奇特的风景。

神女迷雾（摄影：谭少华）

巫山夜景

巫山作为三峡中一座独具魅力的旅游城市，近年来各级政府大力投资打造巫山灯饰工程。与巫山移民新城隔湖相望的是巫山长江大桥，每天19：00—22：00点按时开灯。龙门峡中，以龙门大桥为重点，安装灯饰9800盏，已形成不夜峡。每当夜幕降临、华灯初上，山顶、大桥、湖周农户和山城内的万家灯火汇集成梦幻仙境般的立体感观景象。尤其是旅游旺季，江边几十艘大型豪华游轮的彩色灯光将湖中水面照亮，又形成一道亮丽风景——江中街市。

巫山长江大桥夜景（摄影：宋开平）

巫山不夜城（摄影：向耀清）

巫山重大节庆活动

神女旅游文化节　每年4月左右与重庆市三峡国际旅游节同期举行
长江三峡（巫山）国际红叶节　每年11～12月
巫山美食文化节　每年11月左右
“相聚在神女峰下”相亲节　每年12月左右
龙舟赛　每年农历端午节前后
小三峡、小小三峡漂流节　每年7月～8月

美食推荐 CUISINE

“游在三峡，吃在巫山”，无论是夜市、中餐或火锅，巫山人很讲究色、香、味、美、形的协调统一。特别是巫山的农家菜更具特色，多数来巫山的游客都很喜欢当地特色菜，如苕粉炒腊肉、猪蹄炖洋芋果、翡翠凉粉、土豆饼、宁河烤鱼、中华鲟（人工养殖）、魔芋鸡等。

住宿 ACCOMMODATION

巫山移民新城内有大小宾馆、饭店、旅行社共90余家。其中五星级饭店一家（修建中）、四星级一家、三星级两家、二星级一家，条件较好的神会宾馆、商务宾馆20余家。

1. 鸿都大酒店（四星）
   广东中路　023–57689999
2. 巫山国宾酒店（三星）
   平湖中路　023–57699999
3. 金汇大酒店（三星）
   广东路　023–57682999
4. 渝髓宾馆（二星）
   平湖中路　023–7690988

购物指南 SHOPPING GUIDE

党参、天麻、巫山云雾茶、竹笋、特色菇类、大庙无花果、龙骨坡大米、大溪粉条、大昌雪枣、老腊肉、大庙雪梨、松花皮蛋、官渡啤酒。

巫山风光系列DVD、巫山风光系列画册、三峡风光十字绣。另外，巧手纳就的土家鞋垫、精工复制的文物精品以及各地汇集的特色工艺品。

长江三峡风景名胜区

石宝寨 景区

从重庆顺江滚滚东去，过忠县城38公里的长江北岸，有一块高50米的巨石，它下临长江，上接云天，古名“连云山”，又因孤峰兀立，四壁如削，形似“玉印”，故名“玉印山”。

巨石正面，依崖建有十二层塔形楼阁，绿瓦红墙，飞檐展翼，甚为壮观；崖顶天子殿，绀宇横陈，藏檐推山，平添了几分神秘。这就是著名的长江明珠——石宝寨。

石宝寨始建于明万历年间，即公元1573年，是1982年国务院公布的第一批国家级风景名胜区——长江三峡风景名胜区的一个景区，2001年6月国务院公布的全国第五批重点文物保护单位，是国家旅游局评定的全国AAAA级旅游景区（点）。石宝寨是我国现存最高、层数最多的木结构建筑，融自然景观和人文景观于一体，它展示了我国古代劳动人民高超的建筑艺术，记载了我国民间建筑艺术发展的历史和成就，被誉为“世界八大奇异建筑之一”，也是南方民间建筑一颗璀璨的明珠。景区总占地面积50000平方米，建筑面积3486平方米。三峡工程蓄水到175米水位后，石宝寨四面环水，由于其独特的地理位置、地质构造和奇特的山体形状以及它所承载的深厚历史文化底蕴，被国家列为长江三峡文物保护最重要的工程之一。2008年被命名为“新巴渝十二景”，在国内外旅游界享有较高的知名度。

自1979年对外开放至今，石宝寨已接待数千万的中外游客。江泽民、吴邦国、温家宝、李鹏、田纪云、钱伟长等中央领导先后视察石宝寨。

随着三峡工程的兴建，2005年12月28日，石宝寨原地保护工程全面开工建设，历时3年多，于2009年4月全面完工，建成后的石宝寨由原来的山寨变成现在的水寨，成为三峡库区一个独具特色和文化底蕴的宝岛，以自己更加独特的魅力，吸引天下游客。

管理机构：忠县文物局

地址：重庆忠县石宝镇印山街18号

邮编：404300

电话：023-54215063，54844999

石宝寨

交通 出行宝典 TRANSPORTATION

区外交通

石宝寨位于重庆忠县城东40公里处的长江北岸，距重庆市区190公里，可驱车由重庆市区经沪蓉高速路在忠县出口经忠县县城直达景区。也可乘船顺长江直达景区。每天过往和停靠石宝寨的旅游船和普通客船及快艇数十班。石宝寨至忠县陆路约40公里，每天来往旅游班车达30班，前往十分方便。

旅游服务 TRAVEL SERVICE

门票：50元/人

石宝寨旅游最佳时间：3～11月，另外，冬季气温较暖，无雪冻，也是较理想的旅游季节。

石宝寨

石宝寨历史悠久，史料记载唐代山顶就有建筑物，供人登临休闲观光。明万历二年（1574年）忠州知府尹愉始建天子殿，后经历清康熙十一年（1672年）游天凤、嘉庆二十四年（1819年）吴世昌、道光二十六年（1846年）邓得意等当地乡绅多次修葺，并开凿链子口，“贯铁索于壁”，攀援上下。清康熙年间，当地能工巧匠偶见山鹭从玉印山脚展翅起飞，盘旋而上，顿生灵感，遂依山修建塔形楼阁，从此游人不再履险攀援。

石宝寨塔楼构思奇妙，工艺独特，是“世界八大奇异古建筑之一”。总体布局依山就势，绝壁建楼，木石相衔，四角三方，紧扣山体。塔楼层层叠叠，飞檐展翼，逐层内收，直插云天，集传统塔式建筑的特色和宫廷建筑的神韵为一体。楼体材质考究，选用生长多年、木质坚硬、防蛀耐磨的马桑树木作为主要材料，至今完好无损。塔楼结构独具匠心，穿斗式木构架，无斗栱，穿枋将楼柱连为一体，木栓将枋、柱固牢，整个塔楼无一枚铁钉，乃世所罕有。塔寨楼层层向山体倾斜，以减轻寨楼荷载，每楼三面为木格花窗，临江面有直径1米左右额圆窗，便于通风观景，减少阻力，为古人运用建筑力学的典范之作。虽经历数百年风雨，仍稳如磐石。在我国仅存的几座高层木结构建筑中，石宝寨寨楼是唯一的最高的和层数最多的穿斗式木结构建筑，是我国南方民间建筑的一颗明珠。

石宝寨主体建筑由古寨门、寨身塔楼和寨顶古刹三部分组成。进寨道路由顺山石铺就。距山门25米处有石牌坊一座，门匾上阴刻“必自卑”，向人们暗示“登高必自卑”的道理。古寨门形如牌楼，高约8米，砖石结构，歇山翘角瓦顶，中高旁低，门额横书“梯云直上”四字，意即由此而进，登梯腾云直上九重天，饱览仙山美景。竖写“小蓬莱”。整个山门都饰有精致浮雕、泥塑，如五龙捧圣、双狮戏彩、哪吒闹海等。寨身十二层，高56米，分为上下两个部分。下部九层，暗喻九重天，楼内设木梯，供游人攀登上寨。上面三层稍往后退，支撑于山顶石台上，凸起直冲云霄，称“魁星阁”。江面望去，十二层重檐飞展，翼角腾晕，下宽上窄，形成墙三面，各层四角飞檐上翘的一座巍峨宝塔，与印山巨石浑然一体。寨顶西侧有一临江小平台，名曰“望江台”，登临极目，无限江景尽收眼底。山顶与石宝寨第九层楼相连处，有一块平坦石坝，面积1200平方米。坝上有古建筑“天子殿”，红墙碧瓦，置身其间，仿佛真到了天堂的凌霄殿。殿内布置神秘，装饰华丽，幡幢林立，流金溢彩。前殿是威武的护法殿，有忠义神武的关圣大帝和象征风调雨顺的四大天王，个个神勇庄严。正殿为玉皇殿，3米高的玉皇大帝坐像，庄严神圣。厢房两边有“八仙过海”和“瑶池祝寿”大型花岗石浮雕。后殿供奉有王母娘娘和她的七个女儿。正殿和后殿之间修有“爱河桥”。整个殿堂安排规范，布置严谨，人物造型生动。殿后石坝凭栏俯视，“峡江重镇”石宝镇和石柱县门户西沱镇一览无余。

改革开放以来，石宝寨以其独特的建筑风格和丰厚的文化遗存，吸引着海内外的众多游客，现年接待游客50多万人次，其中海外游客5万余人次。党和国家领导人也曾多次视察石宝寨。借石宝寨“贴坡围堤”保护之契机，新建明清建筑仿古一条街；利用堤内形成的约200亩湖面发展水上游乐项目，配套建设一个旅游专用码头和三星旅游接待中心，以扩大石宝寨规模，提升石宝寨旅游档次，打造“国际黄金旅游带”上的精品旅游景区。石宝寨将形成四面环水的独特风貌。真正成为江中“小蓬莱”和世界最大的“盆景”。

石宝寨

住宿 ACCOMMODATION

宾馆：

可宿于忠县县城内，也可宿于石宝寨景区附近的旅社、宾馆、农家。

美食推荐 CUISINE

石宝寨前小场镇川味小吃十分丰富，有远近闻名的石宝蒸豆腐、狗肉馆、长江鱼等。

购物指南 SHOPPING GUIDE

石宝寨下的石宝街内民风淳朴，手工艺品种类繁多，价格便宜。

石宝寨

长江三峡风景名胜区

云阳张飞庙 景区

江山风清，亭阁飞檐，层楼峭拔，煞是壮观！这就是号称“巴蜀一胜境，文藻一胜地”的云阳张飞庙。张飞庙又名张桓侯庙，始建于三国时期蜀汉末年，距今有1700多年的历史，历经沧桑，经久不衰。

张飞庙是国家级风景名胜区，重庆市新三峡五大著名景区之一。2001年张飞庙由国务院公布为全国第5批重点文物保护单位，2006年1月被国家旅游局评为国家AAAA级旅游景区。因三峡工程的建设，张飞庙被国务院三峡建委确定为异地搬迁保护的项目，现在游客们看见的张飞庙就是通过文物工作者辛勤的劳动，从1998年选址、勘察到2003年搬迁结束，用时六年，按照“不改变文物原状”的原则，从长江下游32公里的云阳老县城对岸的飞凤山搬迁而来，并依然保持依山、坐岩、临江、傍溪的地理特征。张飞庙的搬迁是新中国成立以来我国文物搬迁的级别最高，搬得最远、影响最大的一项工程。

张飞，字翼德，河北涿郡人。蜀将张飞刚强耿直，忠毅雄猛，勇冠三军，为蜀汉江山的建立立下了汗马功劳，为古今世人所敬仰。然而，他生于河北省涿郡，殁于四川省阆中，其战守之地或当阳，或赤壁，或巴州，或阆中，南征北战之中都与云阳没有直接牵连。为何在这千里之距，万里之遥的云阳长江边上建庙立碑呢？

民间传说三国时期，吴蜀交兵，蜀将关羽败走麦城，张飞正驻守四川阆中，惊闻噩耗“旦夕号泣，血湿衣襟”。急令部将在三日之内备齐白旗白甲挂孝出征伐吴，为关羽报仇。部将范疆、张达深知不能如期复命，又惧张飞虎威，遂趁张飞醉卧之际，将其杀害，并取下头颅直奔东吴。这时，吴王孙权得知刘备兴兵伐吴，他深惧哀兵必胜，又恐魏兵乘虚而入，乃决定不与蜀国交兵，并派人向刘备请和。范、张二人闻此巨变，一时惊恐万状，慌忙将头颅抛入长江。当天傍晚，一老渔翁在铜锣渡撒网捕鱼时将张飞头颅捞起，惊恐之间，恍然若梦，梦中受张飞之托，遂将其头颅葬于蜀地，不能让其随江水流入吴境，渔翁受托，泪如泉涌，遂将张飞的头颅葬于云阳县城对岸的飞凤山麓，并邀集穷苦百姓修起了最早的张飞庙（名为显忠庙），这就是张飞“身葬阆中，头葬云阳”的奇妙传说。

张飞庙，经过历代修葺扩建，汇集了历代建筑之精粹，构成了一组完美的古建筑群。它依山取势，坐岩临江，层层迭起，错落有序，庙内殿宇巍峨，古朴厚重，园林小桥相映，草地流水有韵。宋人陈似在游览后的碑记中就有“朐忍胜境之最”。英国著名商人阿奇波得·立德在一百多年前（1879年）游览

张飞塑像

张飞庙后，在他的游记《扁舟过三峡》一书中称“是他见过的最美妙的东方美景”。因此张飞庙在历史上被称“巴蜀一胜境”。

张飞庙不但景色秀美宜人，而且蕴藏着深厚的古代文化韵律。远至唐宋，近至明清，无数文人骚客在拜谒张飞庙后，挥毫抒情，赋诗留联，现庙内收藏历代名人字画碑刻、楹联、匾额、摩崖题刻八百余件，各大书家、众多流派、各种风格兼收并存，真可谓“张祠金石，甲于蜀东”，“江人文藻，称胜地也”。因此，历史上人们称之为“文藻胜地”。

举世闻名的三峡工程，使张飞庙移居上游32公里处的云阳新城对岸，依然与新城隔江相望，仍然是江上风清、灵钟千古。新三峡、新旅游，张飞庙正以它独特的神韵，洋溢着更加迷人的魅力。

管理机构：重庆市云阳县文物保护管理所
电话：023-85832502　023-55381666
传真：023-85832501

交通 出行宝典 TRANSPORTATION

云阳县位于重庆市东北部，长江三峡工程库区腹心地带。东与奉节县相连，西与万州区相接，南与湖北省利川市相邻，北与开县、巫溪县为界。在重庆市区的朝天门交通广场汽车站乘坐长途汽车或在朝天门码头乘快艇5小时即抵达云阳县，然后在云阳县长席子码头乘坐到张飞庙的渡船（1小时1班）前往张飞庙。

特色观赏和体验 UNIQUE SCENERY & FESTIVALS

张飞庙三大看点

张飞庙

一看奇特的建筑艺术。张飞庙是一组完美的古建筑群。这座具有1700多年历史的庙宇，充分利用了三峡库区地形的高差变化，依山取势，坐岩临江，形成“品”字结构。云阳县文馆所所长陈源林告诉笔者，现存的张飞庙是经过历代整修留下来的，它基本上汇集了历代建筑的精华。游客在这里可以看到诸多朝代川东的建筑风格和艺术。结义楼、得月亭、正殿等10多处独具特色的古建筑汇集在这里，构成了一幅完美的山水立体画，有“巴蜀胜景”之美誉。

二看瑰丽的书法艺术。张飞庙内现存着大量的书法珍品。远至汉唐，近至明清，无数名人墨客在这里挥毫抒情，赋诗留联。现在馆内收藏的碑刻、楹联、匾额、字画等800多件，流派众多，风格各异。在字画廊、碑室、助风阁、《出师表》展室等亭阁里，笔者看到琳琅满目的题刻汇集了各种书画珍品。它们或纵横磅礴、苍劲挺拔，或温润隽秀、绵里藏针。既有颜真卿、苏轼、黄庭坚、米芾等的手迹，还有岳飞泼墨挥毫的前后《出师表》，郑板桥清雅的竹、石、兰等，庙内弥漫着一股浓浓的书卷气。也正是这些，成就了张飞庙“文藻胜地”的地位。

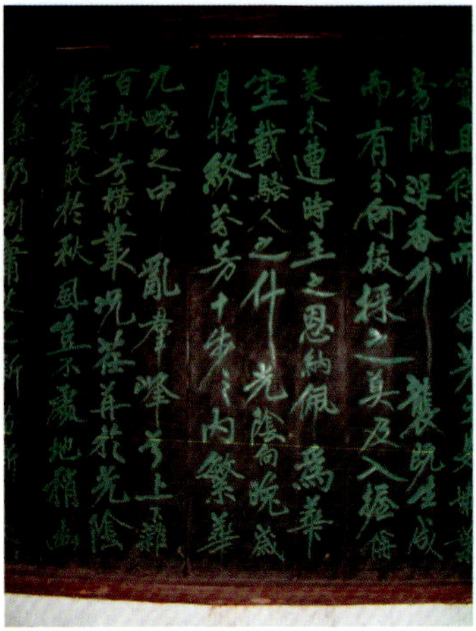

殿内题刻

三看深蕴的历史文化。张飞庙是当地老百姓为了纪念三国猛将张飞而修建的，里面用雕塑再现了张飞的英雄事迹。游客来到这里，不仅可以在解说员的娓娓道来中了解张飞耿直豪爽的性格，而且可以回顾悠久的三国文化和历史。除此之外，新张飞庙还建设一个2000多平方米的博物馆，专门陈列云阳县境内出土的地下文物，包括从举世闻名的李家坝巴人遗址中发掘出来的文物。

云阳张飞庙四季 SEASON

云阳处于北回归线以北的东南中亚热带湿润气候区，四川盆地中亚热带湿润区，春早、夏热、秋凉、冬暖。初夏雨量充沛，盛夏炎热多伏旱，秋多绵雨，冬少日照。年平均气温18.4℃。1月平均气温7.2℃。7月平均气温29.1℃。年平均日照时数1484.8小时。年平均降水量1100.1毫米。无霜期304天。

购物指南 SHOPPING GUIDE

云阳境内名优产品主要有：夏橙、桃片糕、杜公酒、草牛肉干等，尤以桃片糕最为著名。云阳桃片糕始于唐代，前身为糯米糕，明朝末年取名为桃片糕，又名八宝糕。它以糯米、桃仁、白糖、饴糖为主要原料，具有悠久的历史、精湛的制作工艺和独特的风味，深受广大消费者的喜爱。清朝光绪年间，瑞兰斋成为以生产桃片糕为主闻名于县内外的大斋铺。

长江三峡风景名胜区
丰都名山景区

举世闻名的中国鬼城——丰都名山地处三峡库区和重庆市版图之轴心，丰都新县城长江正对岸。海拔287.2米，面积4平方公里，核心景区面积0.30平方公里。

名山风景区主要由全国著名风景名胜古迹名山、全国最大动态人文景观鬼国神宫和国家级森林公园双桂山组成。景区林木苍翠，建筑精美，庙宇殿堂神像森罗，楼台亭阁依山而立；名人骚客留墨溢雅，碑刻诗联韵味隽永。著名景观有奈何桥、鬼门关、黄泉路、十八地狱、望乡台、天子殿、玉皇殿、报恩殿、百子殿、财神殿、药王殿、寥阳殿等，是人们寻古探幽，觅奇览胜的旅游胜地。

管理机构名称：丰都县风景名胜管理局
地址：重庆市丰都县三合镇平都大道西段26号
邮编：408200
值班电话：023-70738579
传真：023-70738579
电子邮箱：cqfdsyzsb@126.com

丰都名山景区新貌

丰都名山风景名胜区导游图

MAP

交通 出行宝典 TRANSPORTATION

区外交通

到丰都鬼城名山景区有以下5条线路可供选择：

1.达州—邻水—垫江—丰都名山镇（全程288公里）

2.重庆—涪陵—丰都名山镇（全程172公里）

3.湖北—利川—石柱—丰都高镇—丰都名山镇（全程286公里）

4.万州—忠县—十直—丰都名山镇（全程288公里）

5.贵州同仁—秀山—黔江—彭水—武隆—仙女山景区—南天湖景区—雪玉洞景区—丰都名山镇（全程456公里）

景区周边加油站：

四通加油站（距景区1公里）。

奈何桥

位于名山半山腰，建筑面积25.8平方米，始建于明朝永乐年间（1403—1424年），原为寥阳殿附属建筑。这是一座沟通历史与现实，连接阴曹和阳界，审视善良与罪恶，宣制生存与死亡的“试金桥”。

奈何桥

神道

神道

望乡台

望乡台

天子殿

坐西向东，最早修建于西晋，距今约有1600多年历史，现存的天子殿是清康熙三年(1664年)重修的，距今有300多年历史。全殿占地2431平方米，由牌坊、山门、殿堂三部分组成，对称地排列在一条中轴线上。牌坊为木石结构的三重檐坊，高约10米，山门为重檐歇山式屋顶，两边的钟鼓楼均为四角攒尖顶，殿堂为砖木结构，硬山式屋顶，穿斗式梁架。该殿系鬼城的核心部分，也是名山上建筑年代最久，面积、规模最大，保存最完整的一座庙宇。

天子殿

报恩殿

该殿原建于民国时期，重建于1984年，占地234.4平方米，内塑报恩菩萨目莲，两旁是他的弟子闵公和闵志。目莲也叫目犍莲，是释迦牟尼的十大弟子之一，传说他神通广大，能飞上兜率天，为第一行孝者，很受世人敬仰，终年香火不断。

财神殿

殿内塑像为文财神比干和武财神赵公明。

双桂山

又名鹿鸣山，因北宋嘉祐年间，大文豪苏东坡三父子到此游双桂山观白鹿，咏下了著名的《仙都山鹿》而得名。双桂山是名山风景区的重要组成部分之一。

双桂山前临浩浩长江，海拔401米，与名山遥相呼应并排而立。山上林木苍翠、百鸟争鸣、景色秀丽、古迹荟萃，楼、台、亭、阁错落有致，掩映在绿荫和百花丛中，素有险、幽、古之称。景区迎宾门、恩来亭、贺龙阁、护国亭、翰墨园、民俗馆、镇邪楼、苏公祠、丰都孔庙、钟鼓楼、九龙壁、汉砖壁、大成殿、道子堂、观音阁等二十余处景观。

寥阳殿

原为明蜀献王朱椿的香火殿。蜀献王朱椿素有“蜀秀才”之称，传为朱元璋的第十一个儿子。明洪武二十三年被封为蜀王（1390年）。他入川后，很快便平定了南北番人的骚乱，并倡导礼教，轻徭薄赋，礼贤下士，广罗人才。史称“蜀人由此安业，日益殷富，川中二百年不被兵革，椿力也”。

寥阳殿

特色观赏和体验 UNIQUE SCENERY & FESTIVALS

游览鬼国神宫

宫内设景观22组：黄泉路、奈何桥、鬼门关、阎罗殿、关公神归、二郎斩妖、灵霄宝殿、唐王魂游、十八地狱、照妖宝镜、水漫丰都、三星高照、目莲救母、白鹿夜鸣、天子娘娘、八仙过海、庄生试妻、钟馗嫁妹、孟婆卖茶、万仙大阵、观音普度和六道轮回。

此外，还可观赏鬼国风情舞蹈、体验过奈何桥、参加惊险刺激的龙河漂流。

丰都名山四季 SEASON

地处亚热带湿润季风区，气候温和，四季分明，常年平均气压990百帕，气温18℃，年降水量1087.1毫米，相对湿度85%，每年适宜旅游期长达300～330天。

丰都名山景区的月平均气温、穿衣提示：

月份	1	2	3	4	5	6	7	8	9	10	11	12
月平均气温（℃）	8.5	10.0	14.5	17.8	21.5	24.0	29.2	29.6	25.3	17.4	13.1	9.3
穿衣指数	厚毛衣外套	厚毛衣外套	薄毛衣外套	薄羊毛衫	薄羊毛衫	T恤衫	衬衣	短袖	衬衣	薄羊毛衫	薄毛衣外套	厚毛衣外套

美食推荐 CUISINE

麻辣鸡块、邱家牌榨菜、仙家豆腐乳、胡辣壳抄手、梦婆茶。

住宿 ACCOMMODATION

丰都名山景区拥有各种档次的住宿宾馆数十家。从五星级到家庭旅馆，一应俱全，温暖如家。

1. 皇都大酒店

丰都县三合镇　023-70707888　￥298元

2. 宏声贵宾楼

丰都县三合镇　023-70726666　￥398元

3. 茂田大酒店

丰都县三合镇　023-70770789　￥398元

4. 江北大酒店

丰都县名山镇　023-70618777　￥88元

5. 和谐大酒楼

丰都县三合镇　023-85596666　￥198元

以上价格以实际为准

购物指南 SHOPPING GUIDE

红心柚、邪宝扇 、丰都榨菜、雷雨风鬼脸画、栗子大米、包鸾竹席。

长江三峡风景名胜区
白帝城—瞿塘峡景区

白帝城—瞿塘峡风景名胜区，是驰名中外的游览胜地。在这里，交相辉映着壮丽的自然风光和悠久的历史文化；在这里，并峙着雄奇的山川和英雄的丰碑。自古以来，吸引着无数文人墨客、四海宾朋接踵而至，游览抒怀。在古代，陈子昂、李白、杜甫、白居易、刘禹锡、苏轼、陆游、王十朋、范成大等曾在此做官或寓居，对奉节的山水秀色与风土人情，留连忘返，赞美不已，并留下了许多脍炙人口的千古绝唱；新中国成立后，党和国家领导人毛泽东、周恩来、刘少奇、朱德、邓小平、陈毅、郭沫若等先后路过或到奉节视察，无不赞美这里的风景名胜，并十分关心奉节的经济建设与旅游事业的发展。

白帝城位于重庆市奉节县，是长江三峡风景名胜区重要组成部分之一，首批国家AAAA级旅游区，省级重点文物保护单位，以其悠久的历史文化和独特的自然景观驰名中外。白帝庙内有前殿、明良殿、武侯祠、观星亭等古建筑，有大型新彩塑“刘备托孤”群像，有东碑林、西碑林、古诗堂，以及工艺展览室、文物陈列室、古人悬棺陈列室等，白帝庙外有“竹枝园”，汇集当代书法名家碑刻近百块。

瞿塘峡，又称夔峡，西起奉节白帝城，东至巫山大溪镇，峡长8公里. 瞿塘峡在长江三峡中最短、最窄，景色、气势最为雄奇壮观。在瞿塘峡口，赤甲山雄踞江北，白盐山耸立江南，隔江对峙，绝壁如削，真可谓

奉节县白帝城—瞿塘峡

"白盐赤甲天下雄，拔地突兀摩苍穹"。这里天开一线，峡张一门，这就是有"天下雄"之称的举世闻名的"夔门"，夔门是长江三峡的标志。瞿塘峡文物胜迹众多。有夔巫古栈道、摩崖石刻、黄金洞、锁江铁柱等。瞿塘峡以它那无与伦比的自然风光与历史文化构成最完美的结合，使古今中外游人为之倾倒。清代诗人张问陶曾感叹："峡雨濛濛竟日闲，扁舟直落画图间。便将万管玲珑笔，难写瞿塘两岸山。"

随着三峡电站蓄水成库，白帝城—瞿塘峡风景名胜区自然风光依旧雄奇，人文景观更添新貌。白帝城已成为一座四面环水的湖中绿岛，呈现出一幅高峡平湖的壮美图景。置身景区如临画中，但见高峡平湖碧波荡漾，仙岛琼阁绿树成荫，巍巍夔门傲视苍穹，白帝城—瞿塘峡景区变得更加旖旎动人，焕发出璀璨夺目的迷人风采。

管理机构：重庆长江三峡旅游开发公司奉节分公司

地址：重庆市奉节县县政路64号旅游局办公楼三楼

邮编：404600

值班电话：023-56561383

传真：023-56561383

网站：www.517bdc.com

门票：70元/人（含白帝城、瞿塘峡两个景点）

交通 出行宝典 TRANSPORTATION

重庆至奉节高速公路于2010年9月16日通车，全长约400公里，车程4小时左右，途经长寿—垫江—梁平—万州—云阳—奉节。

1. 在重庆汽车北站乘车至万州，由万州乘水翼船至奉节。

2. 由重庆汽车北站或者朝天门码头乘长途车到达奉节。

3. 在朝天门码头乘旅游客轮船直达奉节。

精品线路

风雨廊桥—仿古栈道—乘船去往古象馆—古炮台—赤甲山—观猴区—览夔门—返船去往白帝庙—刘备托孤—家居陈列室—东西碑林—悬棺室—观星亭—祠堂

白帝城

船过奉节，顺流而下，遥望瞿塘峡口，但见长江北岸高耸的山头上，有一幢幢飞檐楼阁，掩映在郁郁葱葱的绿树丛中，这就是三峡的著名游览胜地白帝城。

白帝城东依夔门，西傍八阵图，三面环水，雄踞水陆要津，为历代兵家必争之地。西汉末年公孙述据蜀，在山上筑城，因城中一井常冒白气，宛如白龙，他便借此自号白帝，并名此城为白帝城。公孙述死后，当地人在山上建庙立公孙述像，称白帝庙。由于公孙述非正统而系僭称，明正德七年（1512年）四川巡抚毁公孙述像，祀江神、土神和马援像，改称"三功祠"。明嘉靖十二年（1533年）又改祀刘备、诸葛亮像，名"正

白帝城远景

义祠”，以后又添供关羽、张飞像，遂形成白帝庙内无白帝，而长祀蜀汉人物的格局。2006年5月25日，白帝城作为明至清古建筑，被国务院批准列入第六批全国重点文物保护单位名单。

白帝庙内有明良殿、武侯祠、观星亭等明清建筑。明良殿为嘉靖十二年（1533年）建，系庙内主要建筑，内有刘备、诸葛亮、关羽、张飞塑像。武侯祠内供诸葛亮祖孙三代像。祠前的观星亭，传说是诸葛亮夜观星象的地方。明良殿和武侯祠左右两侧藏有各代名碑。庙内还有文物陈列室、诗史堂，陈列着新石器时代以来的出土文物和古今名家的书画。这些古建筑和文物珍品，使白帝城更为增色。白帝庙内，历代的诗文碑刻和文物甚多。其中有著名的东周时期巴蜀柳叶铜剑、汉晋时期的悬棺遗物和隋唐以来73块书画碑刻、陶器和青铜摇钱树等，及历代文物1000余件，古今名家书画100余幅。东、西两处碑林，其中隋代碑刻距今已有一千三四百年的历史了。在东碑林，《凤凰碑》和《竹叶碑》风格独特，精美华丽，最引人注目，堪称瑰宝。在一些殿堂内还有刘备、诸葛亮、关羽、张飞等人的鎏金塑像。

白帝城庙门

175米水位白帝城美景

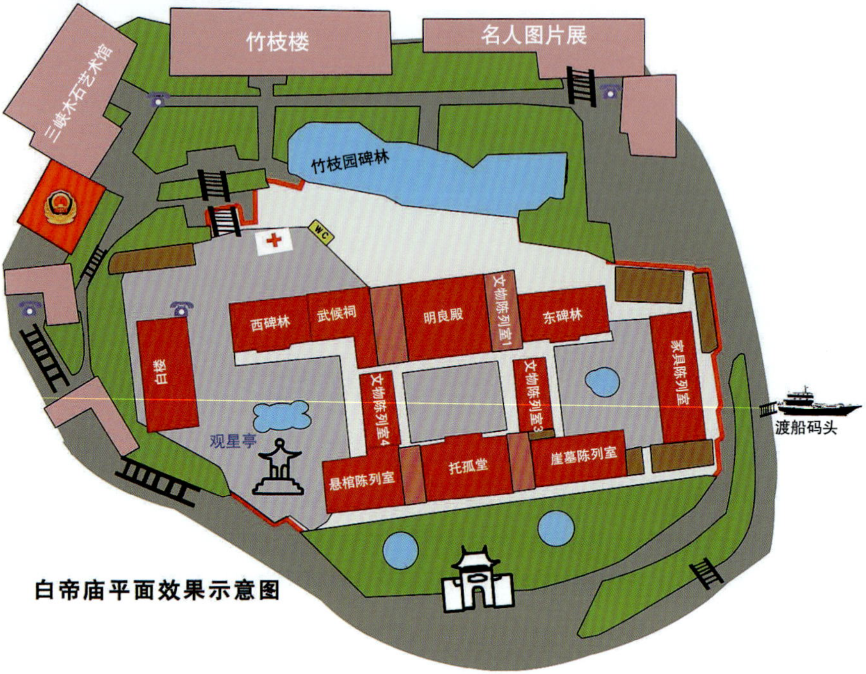

白帝庙导游图

观星亭近景

凤凰碑

瞿塘峡

瞿塘峡是长江中最短的一个峡，长约8公里，以雄伟险峻而称誉于世。其“雄”首先是山势之雄。游人进入峡中，但见两岸险峰上悬下削，如斧削刀劈而成。山似拔地，峰若刺天去。峡中主要山峰，有的高达1500米。瞿塘峡中河道狭窄，河宽不过百余米，最窄处仅几十米，这使两岸峭壁相逼甚近，更增几分雄气。中峡之西端的夔门尤为雄奇。它两岸若门，呈欲合未合之状，堪称天下雄关。瞿塘之雄还在于水势之雄。古人咏瞿塘：“锁全川之水，扼巴蜀咽喉”，这一锁一扼，便形成了“众水会涪万，瞿塘争一门”的壮观水势——“瞿塘嘈嘈急如弦，洄流溯逆将覆船，”“高江急峡雷霆斗，古木苍藤日月昏”。在峡中狭窄的河道上，洪水期常有惊涛拍岸的壮观。

夔门

瞿塘峡西入口处，白盐山耸峙江南，赤甲山巍峨江北，两山对峙，天开一线，峡张一门，故称夔门，古称瞿塘关，形成“西控巴蜀收万壑”，瞿塘峡锁全川水的险要气势。瞿塘峡在三峡中虽然最短，却是一幅神奇的自然画卷和文化艺术走廊。峡西首的夔州古城，是今天奉节县的政治、经济、文化的中心，那古榕掩映下的刘备托孤的真正故址永安宫足见古城之古，相伴相依的鱼复塔，杜甫草堂，水、旱八阵图，白帝城佐证其文化源远流长。每当红日当空，赤甲山被氧化的红色岩石像熊熊烈火在空燃烧，白盐山在晨曦中银光灿灿，恰似白盐堆积，故古人有“赤甲晴晖”和“白盐曙色”之描绘。那酷似凤凰昂首畅饮山溪的“凤凰饮泉”，栩栩如生的犀牛翘首东望的“犀牛望月”；那垂挂绝壁袒胸露乳的“倒吊和尚”，充满神秘色彩排列成“之”字形的“孟良梯”……无不令人神往。峡江两岸，摩崖石刻随处可见，南岸最为壮观，绵延里许的绝壁上，镌刻着数十幅石刻。时代上，自宋至今；艺术上，篆、隶、草、行，可谓我国石刻书法艺苑中的奇葩。北岸凹石壁上，“天梯津隶，开劈奇功”八个大字，十分醒目地提示它脚下绝壁上的夔巫古栈道，从这里直通至巫峡与湖北交界处的清莲溪。出瞿塘东口，是巫山县大溪镇，从此便进入大宁河宽谷了。

白帝城—瞿塘峡四季 SEASON

季节	气温	气候
春	12～25℃	以晴好天气为主
夏	25～38℃	潮湿、炎热
秋	13～25℃	多雾、多雨
冬	2～18℃	多雾、偶有小雪

白帝城夔门深秋

住宿 ACCOMMODATION

酒店名称	星级	地　址	价　格	电话号码
诗苑大酒店	四星	奉节夔州路297号	250元／间	023－56855555
凤凰大酒店	三星	奉节公平巷32号	180元／间	023－85988888
夔门大酒店	三星	鱼复开发区	180元／间	023－56536666
夔府大酒店	三星	奉节县城	180元／间	
太和大酒店	二星	奉节夔州路460号	120元／间	023－56558188
杏花村农家乐	星级农家乐	宝塔坪景区	20元／人	

美食推荐 CUISINE

鼓子鸡：又名旱蒸鸡。用奉节特制的土陶蒸馏鼓子，采用土鸡、腊肉为主要原料，加入咸大头菜，还可投入党参、黄芪、三七等中药，文火旱蒸以蒸汽冷却所结汽水为汤汁制作而成，汤色白中带黄，味香、汤美，既是佐食下酒的美味，又是滋阴健体的佳肴。

格格：肉类切片、块状加味用特制小蒸笼用旺火蒸熟。品种有羊肉、肥肠、排骨等。

锅炸：以面粉、淀粉、蛋清为原料，掺和为块状，油炸后穿上桂花糖衣，食之外酥内软，香甜而不腻口。

传世面：用上等的面粉、鸡蛋清擀制成水面条，油炸后盛盘，现吃现做，盘呈桌上，浇以卤汁或三鲜肉汤，嗞嗞有声，香味扑鼻，松脆酥软，入口回味无穷。

鸡闹：剁鸡脯肉为泥，拌和以蛋清，黄粉，用板化油煎制而成，色泽洁白，热烙炙口、鲜嫩不腻，为滋补之上品。

珍珠丸子：以猪前腿瘦肉为主料，掺和少量荸荠（或豆腐），剁碎加味做成丸子，外裹阴米，现蒸现吃，松软爽口。

蒸蒸糕：精米细粉，用特殊的火笼蒸制，一般为甜味松软可口。

张口麻元：精面粉，发酵后油氽。色泽金黄，皮脆里软，香甜松脆。

搭搭面：主料面粉发酵后加油切成小团擀开，用手拉成不等的长片，煮熟后，配以鸡蛋淀粉稀薄汤汁，以汤汁为主面块少的又叫“糊糊”。

凉面：面入水氽到刚熟，半凉后用香油搅拌至凉透盛放，来客即配以胡萝卜细丝，芹菜叶片，色泽艳丽，味道以酸甜为主。

胖妹牛肉干：是奉节家喻户晓的美味零食，馈赠佳品，品种有干麻辣、油麻辣、五香。

购物指南 SHOPPING GUIDE

谭木匠梳子、黄杨木梳：谭木匠享有较高的市场知名度和社会美誉度。截至2006年年底，谭木匠已自主研发产品2400余种，拥有专利23项，在中国大陆已有古色古香的连锁店500余家，产品热销海外13个国家。黄杨木梳则采用景区黄杨木制作而成，有舒筋活血之功效。

奉节脐橙：脐橙味甘性平，具有滋脾健胃、清肺化痰、润肤养颜、理气、抗癌、解酒等多种功效。经常食用，可以补充人体必需的营养，强身健体，延年益寿，是居家旅行、馈赠亲友的佳品。

武隆（芙蓉江、天生三桥、后坪天坑）风景名胜区

芙蓉江风景名胜区（以下简称芙蓉江）、天生三桥风景名胜区（以下简称天生三桥）、后坪天坑风景名胜区（以下简称后坪天坑）位于重庆市武隆县，地处武陵山和大娄山褶皱地带的喀斯特地区，总面积是380平方公里，是中国南方喀斯特的重要组成部分。芙蓉洞是目前国内唯一作为世界自然遗产的洞穴，可跻身于世界最美洞穴之列；天生三桥片区有世界上最大的天生桥群和最高的喀斯特桥；后坪天坑群有迄今为止唯一发现的世界上最大最典型的冲蚀型天坑和亚洲最长的地下洞穴网络。三个系统有机结合，是一把解读长江三峡地区乃至整个南方喀斯特形成演化、地质变迁的钥匙。

2007年6月27日在第31届世界遗产大会上，由中国重庆武隆、云南石林、贵州荔波共同组成的“中国南方喀斯特”被评选为世界自然遗产并获得全票通过。第31届世界遗产委员会是这样评价的：重庆武隆喀斯特包含了被称为天坑的巨大垮塌洼地和罕见高度的天生桥，天生桥之间延伸着深度很大的无顶洞穴。这些壮观的喀斯特特征有着世界级的品质。武隆喀斯特代表了经历显著抬升的内陆喀斯特高原，其巨大的漏斗和天生桥是中国南方天坑景观的代表。武隆喀斯特景观包含了世界上最大的江河系统之一——长江及其支流的历史证据。重庆武隆喀斯特由于地处偏远而受到最少的人类活动影响，保留了在其他类似地区已被削弱的自然价值。

管理机构：武隆县世界自然遗产管理委员会（武隆县风景名胜区管理局）

地址：重庆市武隆县巷口镇建设中路107号

邮编：408500

电话：023-77713099

传真：023-77713099

电子邮箱：wlfgc_1995@163.com

网址：http://www.wulongkarst.cn

芙蓉江峡谷

箐口天坑俯视

天生三桥

MAP
武隆风景名胜区导游图
仙女山国家森林公园示意图
天生三桥旅游景区示意图
武隆县在重庆的区位
武隆县城示意图
芙蓉洞旅游景区示意图
芙蓉江旅游景区示意图
武隆县在中国的区位

交通 出行宝典 TRANSPORTATION

武隆，地处重庆市东南边缘，乌江下游，武陵山与大娄山结合部，东西长82.7公里，南北宽75公里，全县面积2901.3平方公里。东邻彭水，南接贵州省道真县，西靠南川、涪陵，北与丰都相连，距重庆市区170公里，处于重庆“一圈两翼”的交汇点，自古有“渝黔门屏”之称，是千里乌江一颗璀璨的明珠。武隆交通便利，水陆交通干线纵横交错，四通八达，是重庆一小时经济圈辐射渝东南和黔东北的重要交通、商贸枢纽。国家一级干线渝怀铁路与渝湘高速公路横贯武隆全境，拥有国道319线，省道203、303、904线以及武隆到贵州道真、务川省际高等级公路。武隆港为重庆市重点港区，乌江航道可通航1000吨级船舶。规划中的重庆三环高速路、南涪铁路也经过武隆，仙女山旅游机场正在稳步推进。

精品线路 a 芙蓉洞、仙女山、龙水峡地缝、黄柏渡漂流三日游

D1：下午由重庆乘车出发，沿途观赏乌江画廊峡谷风光，抵武隆。

D2：上午游览“天下第一洞”芙蓉洞，午餐后参加黄柏渡漂流。晚上篝火烤全羊。（宿：仙女山）

D3：上午游览仙女山国家森林公园：漫步大草原、森林、滑草、骑马、赛车、射击，下午游览世界地质奇观——龙水峡地缝。

精品线路 b 武隆世遗之旅三日游

D1：上午赴天下第一洞——芙蓉洞，午餐后可乘坐游轮欣赏原生态芙蓉江大峡谷。

D2：前往天生三桥，游览时间2小时左右。游完之后乘30分钟车至龙水峡地缝，游览时间1.5小时左右。下午前往仙女山国家森林公园，晚上可欣赏蒙古包风情歌舞表演，品尝烤全羊。

D3：早餐后游览仙女山国家森林公园。午餐后返程。

精品线路 c 武隆地心之旅二日游

D1：早上芙蓉洞，游程60分钟左右。午餐后前往天生三桥，游览时间2小时左右。游完之后乘30分钟车抵达仙女山国家森林公园，晚上可烤全羊，欣赏蒙古风情歌舞表演。（宿：仙女山）

D2：早餐后游览仙女山国家森林公园。午餐后返程。

天生三桥

天生三桥

世界自然遗产核心景区，国家AAAA级旅游区，国家地质公园，三座石桥平均高300米以上，桥面跨度约在500米以上，是世界上最大的天生桥群。景区内悬崖万丈，壁立千仞，磅礴诡异的天然神韵使之成为电影《满城尽带黄金甲》的唯一外景拍摄地。

龙水峡地缝

世界自然遗产核心景区，国家地质公园。一座典型岩溶峡谷地缝地质奇观，谷底最窄处仅1米，最宽处不足10米。缝口与谷底之间高达350米。漫步谷底，恍如置身时空隧道，只见溪水潺潺，碧潭幽深，谷壁如削，藤萝盘绕，飞瀑流泉，仰头望天一线。

龙水峡地缝式岩溶峡谷

芙蓉洞

世界自然遗产地核心景区，国家AAAA级旅游区，国家地质公园，中国唯一的世界遗产洞穴，全长2700米，以竖井多、洞穴沉积物类型齐全，形态完美，质地纯净著称。洞内五绝：珊瑚瑶池、巨幕飞瀑、生命之源、犬牙晶花池、石花之王更是天地灵秀之瑰宝。

芙蓉洞洞壁上的巨型石幕

后坪天坑

世界自然遗产地核心景区，总面积38平方公里，是世界上目前唯一发现的地表水冲蚀成因天坑群，拥有15万亩成片的原始森林和3万亩石林，集林、竹、洞、坑等景致于一体，自坑口探视，奇险神秘；自坑底仰望，碧空流云，奇妙无穷，坑内外美景相映成趣。

青龙天坑

白马山

市级自然保护区，生物基因库。因地形酷似雄姿勃发的骏马而得名，为大娄山余脉，总面积400平方公里。其间原始森林24万亩，植物达1200多种，珍稀动物30多种，是森林观光、科考旅游的理想之地，也是领略亚热带原始森林风光的绝佳去处。

芙蓉江

芙蓉江龙孔飞瀑

国家级风景名胜区，集山、水、洞、林、泉、峡于一体，融雄、奇、险、秀、幽、绝为一身。行舟江中，江水清澈见底，两岸奇峰罗列、群猴戏逐、水鸟飞舞，景象万千，给人以“水送山迎入芙蓉，一川游兴画图中”的意境。

仙女山

国家级森林公园、国家AAAA级旅游景区。占地面积100平方公里，海拔1650～2033米，年平均气温11.2℃，素有“南国牧原”、“东方瑞士”的美誉。拥有林海、奇峰、草场、雪原等壮丽非凡的景致，犹如一片落在凡间的伊甸园，是踏青、消夏、品秋、赏雪的休闲度假胜地。

仙女山草原

人文景观

武隆县人文景观十分丰富，县内有遗址、碑刻、牌坊、古墓等各类文物点635处，大多具有较高考古、艺术和观赏价值。被当地百姓称之为“皇坟”、“天子坟”的长孙无忌墓，葬于乌江畔令旗山下江口镇的乌江村；为国内巨型摩崖石刻之一的“李进士故里”摩崖碑刻，石刻高6.2米、宽21米，于1982年8月在江口镇发掘出土；四川二路红军司令部、政治部遗址位于双河乡，现保存完好。

特色观赏和体验 UNIQUE SCENERY & FESTIVALS

风土人情

竹竿舞

武隆县境内人口以汉族为主，有土家族、仡佬族、苗族、白族、侗族、回族等少数民族，总人口40多万人。各民族和睦相处，各自创造了灿烂的民族文化，基本上都保持了自己独特的民俗风情，像竹竿舞、摆手舞、梅山舞、操旗舞等都是典型的土家族舞蹈，仡佬族的打花龙、打蔑鸡蛋等也是具有民族特色的体育活动，还有“飞歌”、苗戏等都是能歌善舞的苗族独有的民族歌戏。

黄柏渡漂流

属浅水型生态自助型漂流。漂程7公里，全程约需2小时。三五人乘坐橡皮艇漂流于绿波之上，穿行于青山之间，经九弯八滩，观古老水车，听流泉鸟啾，穿岩研竹道，过铁索吊桥，戏白色沙滩，赏田园风情，或嬉戏欢歌，或凝神静气，快乐自得的心境油然而生。

黄柏渡漂流

武隆四季 SEASON

武隆属亚热带季风性湿润气候，气候温湿，四季分明，年平均气温15～18℃，年极端最低气温零下3.5℃，最高41.7℃，无霜期240天至285天。年降水量1000～1200毫米，四至六月降水量占39%。山上山下温差10℃左右，立体气候较显著。

住宿 ACCOMMODATION

1. 长松国际大酒店（四星）
   023-77738888
2. 仙女山华邦酒店（四星）
   023-77737777
3. 学府大酒店（四星）
   023-77707777
4. 假日酒店（四星）
   023-77733333
5. 瑜珠花园酒店（四星）
   023-77799888
6. 宏福饭店（三星）
   023-64501666
7. 香榭里饭店（三星）
   023-77722222

假日酒店

仙女山华邦酒店

江口鱼

美食推荐 CUISINE

江口鱼、羊肉涮锅、碗碗羊肉、三叶土鸡、老腊肉、仙女山烤羊肉、河水豆花、红苕粉等。

购物指南 SHOPPING GUIDE

武隆特产主要有羊角豆腐干、羊角老醋、芙蓉江野生鱼、土坎晶丝苕粉、仙女山大脚菌、干笋、老腊肉、鸭江老咸菜、武隆厥粑、蕨精粉等。

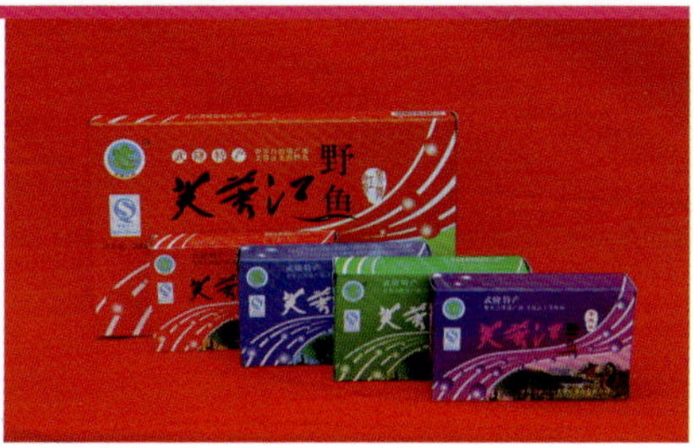

芙蓉江野生鱼

天坑地缝 风景名胜区

天坑地缝风景名胜区位于重庆市奉节县南部山区，是中国乃至世界风景旅游资源的典型代表，长江三峡旅游的核心之一。总面积约396.97平方公里。是以岩溶天坑、地缝式峡谷等喀斯特地貌景观为主，兼具地方土家族人文景观特色，供观光游览、科考科普、探险掠奇、休憩度假的山岳型国家重点风景名胜区。区内海拔高度变化大，从海拔236.4米到2084.2米，分为深切割峰丛谷地（峡谷）、浅峰丛洼地（谷地）、侵蚀中低山与冲积型河谷三大岩溶地貌区。

天坑地缝风景名胜区，较完整地保持了古老而不同地质年代的岩溶生态景观系统，融山、水、石、林、泉、洞为一体，集雄、奇、幽、险、秀于一身，是极有风景游赏价值、生态价值、科研科普价值和开发价值的自然风景区，它拥有独特原始的岩溶自然风貌，品种繁多的珍稀动植物，雄险怪奇的岩体造型，神秘而幽深的峡谷，雄奇罕见的天坑，变化莫测的气象景观和独特的地方民俗文化。

风景区内的天坑、地缝式峡谷是世界上独特、稀有的岩溶地貌景观，具有极高的美学观赏价值和科学研究价值。由天坑、多种岩溶谷地构成的地表形态与地下化石岩溶洞穴、现代地下河系统共同组成统一的岩溶水文一地貌系统，对其进行系统的、多科学的研究不仅会深化岩溶研究，而且对阐明长江三峡的发育演化史有极其重要的意义，小寨天坑和地缝式峡谷是在漫长的地质历史时期形成的，具有稀缺性、典型性和不可再生性的自然（地质、地貌）遗产属性。

管理机构：奉节县风景名胜管理局
地址：重庆市奉节县永安镇朝阳街32号
邮编：404600
电话：023-56550009

峰丛地貌

天坑地缝风景名胜区导游图 MAP

交通 出行宝典 TRANSPORTATION

天坑地缝风景名胜区位于奉节县南部兴隆镇和龙桥乡辖区内，大致呈沿东北、西南走向展开的长方向，北（西北）以九盘河为界，南（西南）至龙桥，东（东北）至长安乡铜锣坝，西至桂花村桃源洞。

重庆至奉节高速公路全长约400公里，车程4小时左右，途经长寿—垫江—梁平—万州—云阳—奉节。

1. 在重庆龙头寺汽车站乘车至奉节。
2. 在朝天门码头乘旅游客轮船直达奉节。再从奉节乘汽车到天坑地缝1个小时可到（从上午6：00～下午4：00每小时一班车）。

天坑

天坑

位于兴隆区荆竹乡小寨村，距奉节县城约50公里，离兴隆镇20公里，是一个硕大无比的岩溶漏斗，上部为椭圆形大坑，最大直径626米，最小直径为537米，坑口平均直径达570米，深320米；下部为略呈矩形的竖井，其口径南北向为357米，东西向为268米，深342米：坑底最大直径522米，平均直径302米；天坑总容积为11934.8万立方米，天坑平均垂直高度达666.2米，站在坑口，视觉无法包容那样壮阔的场面，四面绝壁，如斧劈刀削，直落千丈，宏伟雄壮，无与伦比，观之觉人之渺小，令人万分惊叹！天坑俨然是一座天然寨堡，昔日老百姓在兵荒马乱时，躲在坑内，可以避难呈祥，“小寨”之名由此得来。从坑口下望，深不见底，唯一羊肠小道盘旋而下，可达坑底。坑腰有一宽窄不等的狭长台地。坑内峭壁上，有一大溶洞，深不可测，进口处宽敞如厅，奇石怪乳丛生，另有洞天。坑腰下半部有长约四五百米缓坡地段，古木丛生，百鸟欢鸣，山花烂漫。坡旁峭壁上有几个碗口大小的泉眼，溢出涓涓细流，从高空中飘飘洒洒纷纷扬扬而落。一路之上，千层翠幔，万般变幻，冥冥洞府，地下天上。

从坑底抬头上望，那广阔的天空成了一个小小的亮孔。这时候，人们才真有“坐井观天”的实感。更奇特的是天井峡暗流，从坑底一侧高达数十米的洞中飞奔而出，又在坑底乱石丛中咆哮奔腾。最后破壁穿石悄然而去，形成地下巨大管道，穿山、凿岭，从约两公里外椅子凼的悬崖绝壁上穿凿而出，积年累月，星换斗移，劈山穿石，又刻画了一条美景如画的迷宫河。

天坑之坐井观天

地缝

天井峡地缝距兴隆镇1.5公里，由上游宽谷，中游峡谷、消水洞和地缝，下游地下河构成，全长37公里，成东北开口的“V”字形，转弯处是地缝入口，右端长27公里，尽头是茅草坝、黑湾景区；左端长10公里，紧接小寨天坑，是最神奇的地段。

峡谷上段较为开阔，有的地方宽达100～500米，往下游，山崖越来越窄，宽度只有3～15米，最后10公里最宽处不过3米，狭窄处仅可容人，而深度自上游向下游增加，从4米多增至900米左右。峡谷迂回曲折，有的地段岩缝古木荫荫翳翳，谷底野花异草争奇斗艳，蝉鸣鸟唱，空谷回音，幽静异常，有的地段平坦如马路，有的地段怪石嶙峋，手脚并用才可通行。在谷底仰望天空，唯见浓荫掩映间，零零断断现出一线蓝天，只有正午一瞬间，一丝丝、一缕缕的阳光才能喷射进谷底。

门票价格：60元（小寨天坑、天井峡地缝）

地缝

地缝之将军岩

地缝之空谷透天

天坑地缝四季 SEASON

奉节县境属中亚热带湿润季风气候，春早、夏热、秋凉、冬暖，四季分明，无霜期长，雨量充沛，日照时间长。境内山高谷深，海拔高度变化很大，受地形地貌影响，垂直变化较为明显，形成典型的立体气候。年平均气温，海拔低于600米的地区为16.4℃，600～1000米的地区为16.4～13.7℃，1000～1400米的地区为13.7～10.8℃，高于1400米的地区，低于10.8℃。

购物指南 SHOPPING GUIDE

奉节脐橙、汀来泡菜、舒氏杂糖、胖妹牛肉干、白老娘豆干。

四面山 风景名胜区

四面山风景名胜区位于重庆市江津区南部。距重庆市城区132公里，离江津城区90公里。是以山、水、林、瀑为主体，以原始森林为基调，瀑布景观为特色，丹霞地貌、溪流、湖泊等自然景观为主要内容的自然风景区。1988年5月经重庆市人民政府批准为市级风景名胜区和自然保护区，1989年8月经四川省人民政府批准为省级风景名胜区。1994年1月经国务院批准为国家重点风景名胜区。2006年11月28日评为国家AAAA级旅游景区。四面山辖区面积213.37平方公里。最高峰蜈蚣岭海拔1709.4米，最低处海拔560米。

四面山国家重点风景名胜区是镶嵌在重庆市西南方一颗绿色明珠。她集山、水、林、瀑、石于一身，融幽、险、奇、雄、秀为一体，至今保持着原始、自然、古朴的生态环境，是地球同纬度硕果仅存的规模最大、保护最完好的亚热带常绿阔叶林区，被联合国生态专家称为地球上罕见的珍贵物种基因库。这里的“赤壁丹峡、千瀑千姿、原始森林、先巴文化”每年都吸引了大量的中外游客。消闲散步、游戏娱乐、登山攀岩、水上水下运动、休养、购物商贸、探胜探险、民俗节庆、健身、日光浴、森林浴、野游、寻幽、垂钓、寄情、访古、览胜、摄影、骑驭、避暑、科普、考察、访古等众多游览项目让广大游人到此寄情山水，回归自然。

四面山主要景观有望乡台瀑布、大小洪海、卧龙沟、龙潭湖、水口寺瀑布、土地岩、飞龙庙、灰千岩崖画、朝源观、鸳鸯瀑布、大窝铺原始森林等8大景区128个景点。

管理机构名称：重庆市江津区四面山管理委员会

地址：重庆市江津区四面山文峰路27号

邮编：4022996

值班电话：023-47666010

传真：023-47666070

电子邮箱：www.smsgwh@163.com

门户网站：http://www.smslyw.com

四面秋色

四面山风景名胜区导游图 MAP

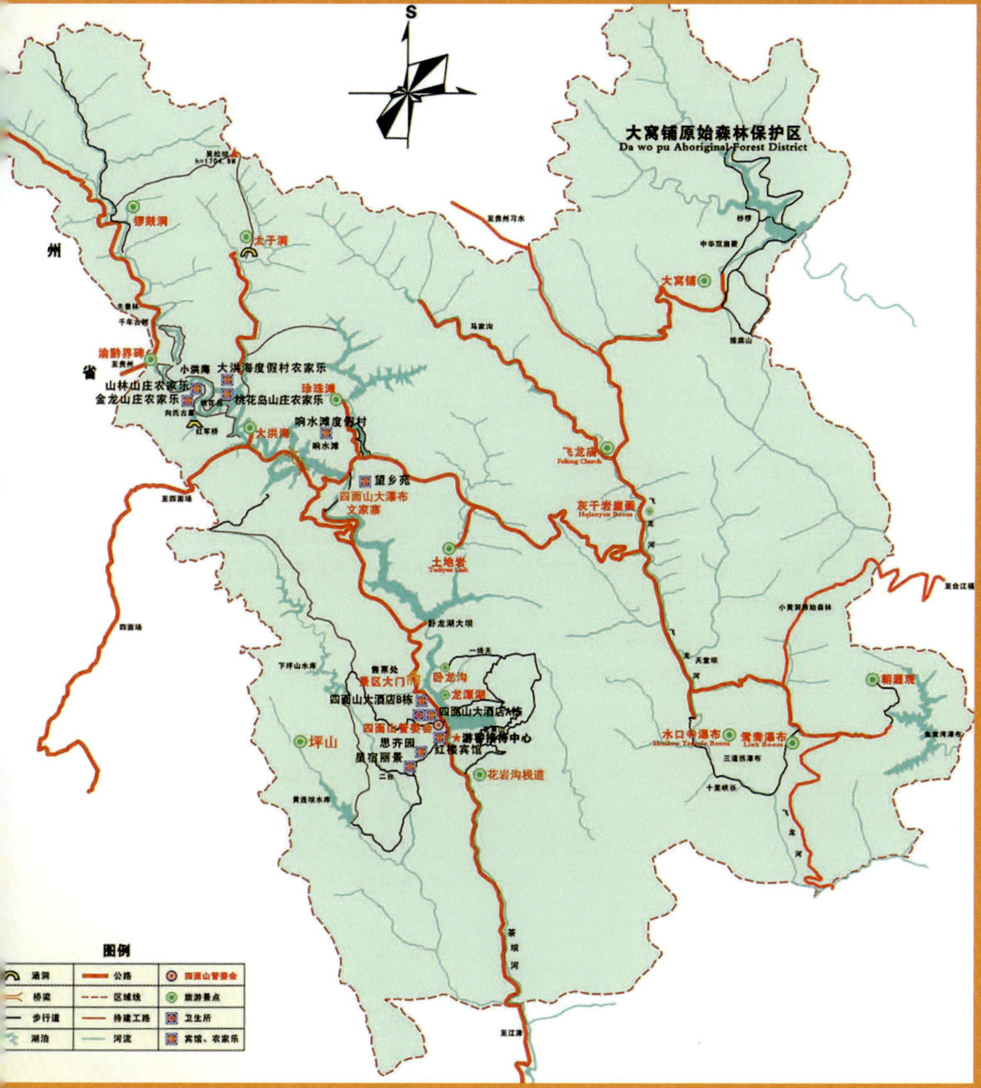

交通 出行宝典 TRANSPORTATION

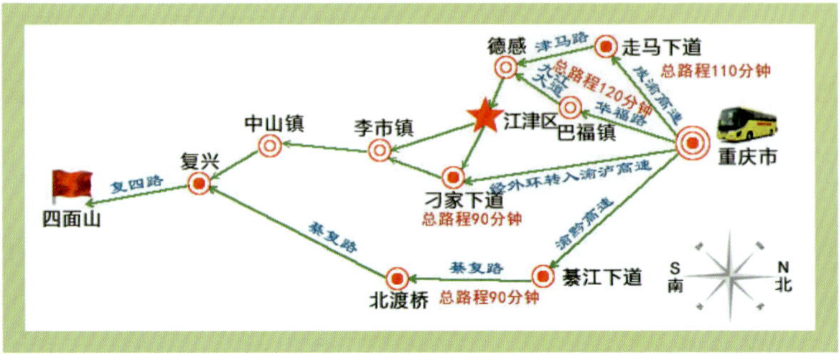

区外交通

路线一：成渝高速—渝泸高速—刁家下道—李市—四面山

路线二：重庆主城区—渝黔高速—綦江—綦复公路—四面山

路线三：成渝高速—走马—江津—四面山

路线四：大件路—华福大道—九江大道—双福江津四面山。

※特别提示：由于四面山特殊的地理环境，公路蜿蜒盘旋，地势险要。大部分路段均为复杂路道。多为盘山路，弯道多，路面窄，驱车驾驶须小心慢行。危险地段均有明确的指示牌。

区内交通

四面山至江津班车

售票地点：景区游客接待中心

全程票价：￥ 20.5/人

江津至四面山班车

售票地点：江津客运中心

全程票价：￥ 22.5/人

发车时间

1.每日06:30－15:30（淡季）

2.每日06:30－17:30（旺季）

注：每45分钟一班。旺季会有加车，根据游客需求而定。

四面山乘车联系电话：023-47666416

景区观光车

票价：￥ 40/人

可游景点：望乡台景区、土地岩景区、大洪海景区、珍珠湖景区、飞龙庙景区、水口寺景区

注：每个景点不能重复乘车，两天内有效(需在出山门时，用身份证和门票在山门处登记)。

龙潭湖—卧龙沟景区

(1)画舫

普通：￥ 30/人　　豪华：￥ 45/人

注：四人以上开船（含四人）。

(2)快艇：￥ 30/人

注：四人以上开船（含四人）。

(3)游乐船

双人：￥ 30/小时

四人：￥ 40/小时

大洪海景区

1.木船：￥ 30/人

2.画舫：￥ 45/人

3.飞机艇：￥ 40/人

注：机动船、木船5～10月均10人以上开船。

望乡台景区（卧龙湖）

快艇：￥ 40/人

旅游服务 TRAVEL SERVICE

1.四面山游客接待中心

☎023-47666559（咨询）

☎023-47666550（订餐）

☎023-47666559（投诉）

四面山医疗救助设在四面山镇卫生院，可以为游客游览提供便利的医疗救助。

2.游览景区门票价格：110元/人（门票有效时间为48小时，如第一次出山门，需第二次进山，凭身份证在山门售票处做好登记）。

3.重要提示：四面山常年低温，海拔高，多有阴雨雾天。出门须带伞具和外套。观看猕猴时请不要打闹嬉戏，也不要挑逗猴子，以免被伤。

精品线路 α 四面山休闲一日游

四面山大瀑布—大洪海—江津

早餐后，游览大洪海，深山湖泊，湖水晶莹清澈，蜿蜒逶迤于深山峡谷、莽莽森林之中，荡舟湖上，令人心旷神怡。游览渝黔界碑（游览时间约3个半小时）。到“华夏第一高瀑”四面山大瀑布；攀望乡台栈道，于望乡岩享受一览云天的开阔之感。（游览时间约1个小时）。午餐后返回江津，结束愉快旅程！

望乡烟云

洪海

“佳景一向绝风尘，四面风光入画屏。”从响水滩往东南走2公里，四面山林区深处，便是十里长湖——大洪海、小洪海。大小洪海以幽静之美著称。从大洪海荡舟前行，两岸青山叠翠，常有麋鹿、野山羊等在水边饮水；湖上碧波粼粼，不时有白鹭飘然飞起，悠然自得的鸳鸯伴舟而行，让人们充分感受与大自然和谐相处的惬意。从大洪海南端舍舟登岸向西南行走近500米，便到了小洪海。它比大洪海略窄，水质更为清冽。在洪海景区屹立着的渝黔界碑是贵州和重庆的交界处。

洪海风光

洪海栈桥

四面山大瀑布

高约152米，宽约37米，是四面山众多瀑布中之最壮观者。白瀑悬空势若天河决下，水声如雷，震山撼谷，腾起的水雾如滚滚征尘。瀑布左右，形成两道乳白色的气流，袅袅升浮飘逸。阳光斜照，紫烟凌虚，化出无数彩虹，随游人观赏角度的不同而千变万化。逢晴朗之日，经阳光的折射，赤橙黄绿青蓝紫的彩虹融入飞瀑，在谷间架起令人神往的彩虹桥。

四面山大瀑布

精品线路 6 四面山二日游

四面山大瀑布—大洪海—江津

第一天：所在地出发，乘车赴四面山，游龙潭湖、卧龙沟、戏猴；住四面山场镇。

第二天：早餐后乘观光车游四面山大瀑布，赴洪海景区，划船游大洪海，观渝黔界碑，在洪海景区午餐。下午乘车游中山古镇。晚餐后送团，结束愉快旅行。

龙潭湖

是一个长近3000米的堰塞湖泊，湖水纳九川清凉，七瀑玉液，清纯无染，是理想的荡舟好去处。

龙潭晨舟

卧龙沟

卧龙沟以云龙、滚水龙、盘龙、喷水龙四处精美雕刻而著称，最为有趣的是在这里群居着一群乖巧、幽默、通灵、守纪律的猕猴。

卧龙沟猕猴

飞龙庙

人们在此处建庙焚香，祈祷飞龙庙顺应民心，让四面山风调雨顺，久而久之，此庙成了川黔几县香火鼎盛之处。

精品线路 四面山三日游

四面山大瀑布—大洪海—江津

第一天：江津—四面山，游龙潭湖、卧龙沟、戏猴。住四面山场镇。

第二天：早餐后乘观光车游四面山大瀑布，赴洪海景区，划船游大洪海，观渝黔界碑，在洪海景区午餐。午餐后赴珍珠滩景区，观珍珠滩瀑布，戏水后乘车赴土地岩景区，看“亚洲第一岩”土地岩。住四面山场镇。

第三天：早餐后乘车赴文家寨，在“西南地区剿匪最后一战”所在地怀古参观后乘车观赏灰千岩壁画，赴水口寺景区，游十里峡谷风光，观水口寺瀑布，午餐后乘车游中山古镇。

十里大峡谷

土地岩

四面山美就美在那披满奇草神木的大山上，总会恰到好处地裸露出丹霞地貌特有的红色峭壁，形成绿中有红、红中透绿的神奇景象。这刀斫斧劈般的天然壁画不知令多少游人驻足解读、细心品味。

土地神岩

水口寺瀑布

水口寺瀑布是四面山风景名胜区中景致质量最佳的复合型景观之一。从九道弯盘旋而下，崖壁幽深处犹如硕大无棚的天然洞穴，耳边激水轰鸣，眼前藤萝垂茎。一拐到底，忽见高瀑从洞顶天缝中泻落，轻柔如纱绢，玉珠迸溅，白水迷蒙。瀑右有天然石佛群像，高踞约百米；瀑左为醒狮岩，俨若昂首啸空。

水口寺瀑布

珍珠湖

珍珠湖

珍珠滩景区是四面山新开发的一个处女景区，溯珍珠滩而上至源头有珍珠湖，湖上景色旖旎。

精品线路 *d*

四面山四日游

四面山大瀑布—大洪海—江津

第一天：乘车赴四面山，游龙潭湖、卧龙沟、戏猴，住四面山场镇。

第二天：早餐后乘观光车游四面山大瀑布，赴洪海景区，划船游大洪海，观渝黔界碑，在洪海景区午餐。午餐后赴珍珠滩景区，观珍珠滩瀑布，戏水后乘车赴土地岩景区。住四面山场镇。

第三天：早餐后乘车赴文家寨，在“西南地区剿匪最后一战”所在地怀古参观后乘车观赏灰千岩壁画，赴水口寺景区，游十里峡谷风光，观水口寺瀑布，赴千年古观朝源观探奇。住四面山场镇。

第四天：早餐后乘车赴中山古镇，观千年古镇后赴黑石山体验百年教育文化，听朗朗读书声。午餐后赴聂荣臻元帅陈列馆，结束愉快旅行。

朝源观

总面积约为6800平方米的朝源观为杨道人所建，落成于北宋建隆年间，尔后明、清曾两次大修，才得以留下这座庄严肃穆、气宇轩昂的著名古刹。

朝源观

在朝源观这两座山门上，各有两副对联。右山门上联为：善茅长长长长长长长；下联为：习三乘乘乘乘乘乘乘。左山门上联为：霞友朝朝朝朝朝朝朝；下联为：云朋观观观观观观观。这两幅楹联利用汉字的多音多义特点，把广博的人生哲理概括了出来，用不同的句读表现出不同的内容，千百年来解读不一。

走过下殿，就来到了朝源观经堂。经堂与其他庙宇正殿大同小异，然却是依岩凿刻的圆浮雕石像群。更令人称奇的是这里同时同堂供奉着道、释、儒三教鼻祖。朝源观深奥而神秘的宗教文化与宏伟而精致的古建筑交相辉映，给四面山的神奇和美丽添上了一笔浓墨重彩。

特色观赏和体验 UNIQUE SCENERY & FESTIVALS

四面山之所以神奇，在于幽静、秀丽藏于内，原始、古朴扬于外的大自然美景。大自然鬼斧神工的妙笔，赐给四面山灵气和美丽，造化了许许多多的生态资源和旅游胜景。1亿多年过去了，至今完好地保存着第三纪以来的植被，生长着3.5亿年前的古热带和古温带植物。景区森林面积2.24万公顷，森林覆盖率95.41%，动植物2000多种，是地球同纬度硕果仅存的亚热带原始常绿阔叶林带，被联合国生态保护专家确定为地球上难得的“天然物种基因库”。也是全球植被最丰、空气最纯、水质最洁的地区之一。目前仍生长着距今3.5亿年前古热带和古温带植物刺桫椤、鹅掌楸、观音座莲、中华双扇蕨等古老植物。在四面山，受到国家重点保护的珍稀植物还有银杏、香果树、红豆杉、福建柏等数十种。野生动物207种中，受到国家重点保护的珍稀动物有云豹、毛冠鹿、猕猴、大小灵猫、弹琴蛙、红腹锦鸡等23种。

桫椤

四面山四季 SEASON

四面山属中亚热带季风湿润气候，气候温和，年均气温13.7℃，无霜期300天以上，雨量充沛，降水量1522.3毫米。

温馨提示：四面山海拔900～1700多米，旅游四面山没有高原反应，到了夏季旅游四面山也用不着带厚衣物，不是传说中那么冷，比如夏天的傍晚在重庆是闷热，而在四面山则有凉爽的感觉，凉爽的感觉不是拿厚衣服来衡量的，穿厚衣服只是当地农家乐说他们家有多凉快吸引客源罢了。

美食推荐 CUISINE

烟熏豆腐、四面山老腊肉、杨梅酒、石板糍粑、乡村烘蛋、泉水豆花、猕猴桃酒。

泉水豆花

四面山老腊肉

烟熏豆腐

杨梅酒

住宿 ACCOMMODATION

1.四面山大酒店：位于四面山中心地带，画屏山下、龙潭湖畔，紧临汽车站和游客接待中心。是休闲度假、会议商务、观光旅游的理想下榻之处。

☎ 023-47666550

四面山大酒店

红楼宾馆

2.红楼宾馆：位于四面山场镇入口，紧临游客接待中心，红墙碧瓦，古朴端庄，是江津区旅游局评定的“旅游定点饭店”。

☎ 023-47666550

3.望乡苑：坐落于四面山大瀑布右侧山顶，是景区内部最高级的宾馆，每日只为一位入住的宾客提供服务。

☎ 023-47666550

4.思齐园宾馆：是一家三星级宾馆。坐落于四面山场镇翠屏路4号，占地面积30多亩，背靠常年瀑布挂壁的二台山，面对花果山，俯视龙潭湖，是旅游、度假、避暑、赏雪、疗养、会议、商务等的理想下榻之处。

☎ 023-47666230

5.星宿丽景酒店：处于四面山场镇地理位置的至高点——天星窝，占地面积为16000平方米，由十栋仿明清风格的古典式园林建筑和自然景观组成。

☎ 023-47663046

6.大洪海度假村：位于国家重点风景名胜区的主景区大洪湖桃花岛上，这里青山绿水，青翠欲滴，春天赏花，夏季摘果，时有群鹤栖立，鸳鸯戏游，都让游客留恋往返，深受青睐。

☎ 023-47669009

7.桃花岛山庄：是四面山景区内三星级农家乐之一，宾馆设施齐备。

☎ 023-47669185

金佛山 风景名胜区

“山即是佛，佛即是山”——中国金佛山。金佛山位于重庆南部边缘的南川区境内，横跨渝黔两省市的大娄山脉最高峰，与峨眉山、青城山齐名，誉为四大名山之一，素有“巴渝第一山”之美誉。自1988年以来先后被审定为国家级风景名胜区、国家级森林公园、国家级自然保护区、全国首批重点科普教育基地、国家级自然遗产、国家级AAAA景区。

金佛山是以原始风貌为特征的风景名胜区，主峰风吹岭海拔2238米，山区总面积1300平方公里，景区规划面积441平方公里，核心区面积66平方公里。金佛山一年四季景观特色突出，春赏花、夏避暑、秋观叶、冬戏雪。融山、水、林、石、洞于一身，集雄、奇、幽、险、秀于一体，更兼明代以来的鼎盛香火，使人们流连忘返，是观光、拜佛、休闲、度假、养生的旅游胜地。

管理机构名称：重庆金佛山旅游景区管理委员会

地址：重庆市南川区和平支路37号

邮编：408400

电话：023-71611488

网址：http://www.jfsly.com

金佛山远眺

金佛山览胜

金佛山风景名胜区导游图 MAP

交通 出行宝典 TRANSPORTATION

（一）区外交通

游客赴金佛山旅游大多取道重庆，在重庆南坪长途汽车站乘“重庆—南川”方向班车（65公里），1小时即可到达金佛山景区。

发车时间：7:00—20:00

023-62909206（重庆南坪站）

023-71422993（重庆南川站）

1. 重庆内环高速—界水高速—南川区出口（69公里）（下高速后左行）—文凤镇—马鞍山（丁字路口左行）—金佛山西（18公里）。
2. 重庆内环高速—界水高速—金佛山出口（70公里）（下高速后右行）—三泉镇—金佛山北（10公里）。
3. 重庆内环高速—界水高速—大观镇出口（52公里）—黎香湖

※特别提示

南川区北腊口金佛加油站、北坡三泉镇中石加油站、南川区向北坡方向中石加油站。

汽车旅馆：景区内各大宾馆均提供停车住宿。

区域交通图

（二）区内交通

金佛山风景区交通便利，游客在南川转乘区内交通车直达景区各景点。

有以下路线可供乘客选择：

“南川—金佛山”方向可直达金佛山北（卧龙潭景点和北坡索道下站）

“南川—马嘴”方向可达金佛山东(石板沟、山王坪石林和龙岩城景点)

“南川—天星”方向可直达金佛山西(碧潭幽谷、一线天和西坡索道下站)

“南川—永安”方向可直达神龙峡景点

“南川—土溪”方向可直达黎香湖景点

精品线路

一日游 上午从重庆出发1小时至金佛山北，游金佛山十里画廊、绝壁栈道、生态石林、古佛洞、金佛山滑雪场（冬季）、西坡索道返回重庆。

二日游 第一天上午至金佛山北，游温泉度假村、金佛山十里画廊、卧龙潭。晚住卧龙潭度假村。第二天上金佛山，游绝壁栈道、生态石林、古佛洞、金佛山滑雪场（冬季）、西坡索道，下午返回。

三日游 第一天上午至金佛山，游碧潭幽谷、万步游道、大小裂缝，晚住天星酒店。第二天乘金佛山西坡观光索道上山，游西坡画廊、金龟朝阳、生态石林、古佛洞，晚住假日酒店。第三天游石人峰、南天门、母子峰、鹰嘴岩、锦屏风、银杉岗。下午返回重庆。

卧龙潭

卧龙潭

为龙骨溪流峡谷，长5500米，两侧山峦壁高300～600米，谷底宽15～40米。入口处有狭长水潭，另有水池三个分别养有大鲵及齐口裂腹鱼（雅鱼）。水潭尽端，是训化猴群投食之处，现有猕猴100多只。峡内有铁索桥两道，绝壁栈道一处，景点有静湖、一线天、玉池、虎跳峡、千年大树（薯豆）等。

十里画廊

十里画廊

金佛山北麓，从三泉沿龙骨溪溯游而上7500米，止于大河坝，海拔700米左右，两侧山峦高约200～700米，谷底宽15～50米。峡谷内有各种形态的钟乳石悬挂于岩壁之上，绿苔滴水，灌丛竹林无断缺之处，时有野生罗汉松疏密横直生于绝壁岩隙。中有桃源洞深险不知其可，有暗河从中流出。左行溪河宽8～15米不等，中有乱石沙砾堆成的绿洲，枫杨生长繁茂。因景色如画，长逾十里，故名“十里画廊”。

金龟朝阳

金佛山绝壁西面，海拔1800～2100米之间的山沿，为西坡绝壁与山上缓坡构成的奇妙景观。缓坡为大小两山，大者似椭圆龟背，极为饱满；小坡狭长像龟的头部前伸，绝壁形成龟板的边缘，体形硕大，高约300米，长约500米。斜日反照，金光闪射，故名金龟朝阳。

金龟朝阳

碧潭幽谷

位于金佛山西麓，系石钟溪上游，长约4000米。碧潭泛舟，依次有蛙鸣桥、怡心亭、玄龟迎客、串珠潭、连升桥、龙爪关、会仙阁、雏凤桥、仙乐亭、乱石溪、红枫秋艳、霜叶桥等10多组景观。碧潭幽谷尽端与金佛山西坡步游道衔接，从入口至牵牛坪总长8000米，是西坡步行登山的最佳通道。

指姆山

有大、小之分，小指姆山位于龙岩城东南2000余米处，高700余米，巍然独立，山顶尖而险，山下林木森秀，从龙岩城至大有镇公路沿线均可赏，海拔高度约1900米；指姆山位于金佛山东南麓，庆元乡与古花乡交界处，一峰挺立，形如大姆指，从庆元乡经古花乡至德隆的公路沿线可从不同角度远观，海拔高度约1800米。

南天门

露天融蚀洞跨，位于“桥长河 ”峡谷的前段，海拔高1600余米。称之为“南天门”，一是因为它位于金佛山南坡，二是“天门”开在高入云天的绝壁顶端，与一般的露天溶洞或“天生桥”不同。那些门洞几乎都是呈拱形的，而南天门的门洞是标准的长方形，如人工修造，高约10多米，宽约7～8米。天门洞开，若是晴天，可见门内蓝天深广，白云飘移，仿佛天庭。若转一个角度靠天门之下，有七八尊孤峰排列，宛若天兵。

南天门

石板沟

位于金佛山东北，属典型的喀斯特地貌。层层叠叠的石板构成的岩壁，尺度巨大，层次明显，特点突出。与之相映衬的是多处飞瀑流泉，内有景点多处。背景是金佛山东北坡苍翠的层峦叠嶂，气势恢宏，细微处又十分精妙。

石板沟

生态石林

药池坝南约1000米处，有一片郁郁葱葱的森林，出人意料，其下严密掩盖的竟是一片石林，其单体不甚高大，出露地表部分只有几米或十几米，石上苔藓松软厚重，立石顶部，多有杂树丛生，石林间黄杨、杜鹃、红豆杉等繁茂生长，绿苔、立石、杂树，搭配成大型的“盆景”。这些放大的盆景一个挨着一个，摆放在约10公顷的范围内，组成一个巨大的“盆景园”。

生态石林

古佛洞

位于山顶药池坝东北侧，海拔高度2100米。进洞口高约5米，宽3米，进洞后左转，通道曲折回环，窄处仅容单人通行，称为“72道拐”。进入上万平方米的宽阔“大厅”，有古佛、石棺材、米市、戏楼等景点。左行400余米，洞穴逐渐收缩，形成人工隧道似的大通道，斜上出洞，出口在金佛山正北绝壁之上，高约20多米，宽约40米，呈新月形，极目远眺，北坡峰峦尽在脚下，南川城区历历在目。古佛洞海拔之高，地质之古老堪称全国之最。

古佛洞

旅游服务 TRAVEL SERVICE

重庆嘉渝旅行社有限责任公司

023—71487006

重庆市南川区渝苑旅游有限公司

023—71422582

023—71422619

特色观赏和体验 UNIQUE SCENERY & FESTIVALS

金佛山五绝（银杉、古银杏、大叶茶、方竹、杜鹃王树）、生态石林、金佛山猕猴。

金佛山古老原始的地质及其特殊的气候保存了许多珍稀动植物。到牵牛坪漫步方竹林、南坡银杉岗观赏濒危银杉、北坡卧龙潭戏猴、古银杏宾馆享受银杏古韵、山顶穿越原始生态石林等均能让您享受奇趣大自然的无穷奥妙。

大茶树

金佛山猕猴

方竹林

银杉

古银杏

杜鹃王树

旅游文化节

金佛山杜鹃花会：每年4、5月

金佛山杜鹃花属高山乔木杜鹃，具有种类多、花期长的特点，极具游览观赏价值。自2002年以来，金佛山在每年4月中旬至五月中旬举办“金佛山杜鹃花会”。同时借助杜鹃花会这一平台，摄影、登山、婚礼、品尝杜鹃花食品等活动十分火爆，已成为南川著名旅游文化品牌。

金佛山避暑节：每年7、8月

重庆被称为全国著名三大“火炉”城市之一。在炎热的夏季，最高温度可达40余摄氏度。而金佛山在最热的7月平均气温仅17℃左右，当之无愧成为炎炎夏日里的一片清凉世界。每年7～8月份，南川区均举办金佛山避暑节。其活动内容包括避暑、纳凉、赏月、观景、嬉水、篝火晚会等，让人们充分享受负氧离子与如画美景带来的惬意。

金佛山采笋节：每年9、10月

20世纪50年代前，金佛山民上山采笋要祭拜山神，隆重而虔诚。采笋前，劳动伴随歌舞，采笋歌有男女对唱或一人领唱众人合唱等形式，唱词多即兴创作，曲调以民歌、山歌改编。近年来，金佛山游人增多，每到秋天采笋季节，游人可参与采笋，唱采笋歌、跳采笋舞、吃笋子宴、尝笋棚菜。

金佛山冰雪节：每年12月至次年2月

金佛山冬季被人们誉为“南国雪原”、“南方的哈尔滨”等，每到冬季，美轮美奂的冰雪景观长达4个月之久。雾凇、冰瀑美不胜收，戏雪、滑雪动感刺激。自2000年以来，南川区人民政府在每年的12月至次年2月均举办“金佛山冰雪节”，取得了巨大成功，弥补了南方人不能参与冰雪活动的缺憾。“到哈尔滨太远，去金佛山滑雪”成了人们的口头禅。

金佛山四季 SEASON

金佛山月平均气温、雨量和穿衣提示

月份	1	2	3	4	5	6	7	8	9	10	11	12
月降雨量（毫米）	33	34	61.6	135	206	223	195	178	164	127	74	35
月均气温（℃）	−2.0	−1.1	3.5	8.6	12.4	15.1	17.8	17.5	13.7	9.4	4.4	0.2
穿衣情况	羽绒服	羽绒服	羽绒服	厚毛衣	薄毛衣	薄毛衣	薄羊毛衫	薄羊毛衫	薄毛衣	厚毛衣	羽绒服	羽绒服

春——漫山杜鹃

夏——清凉世界

秋——层林尽染

冬——南国雪原

金佛山属亚热带湿润季风气候，垂直气候明显，极端最低气温−14.4℃，年平均气温8.3℃，年平均相对湿度81%，年平均日照时数1094.4小时，年平均积雪期122天，云、雨、霞、雾、雪等水体景观丰富，春时百花缀绿、杜鹃争艳，夏来禽飞兽舞、千瀑竞流，秋至层林尽染、彩林满目，冬来银装素裹，冰瀑胜玉。奇趣大自然让人流连忘返，是四季皆宜的旅游观光、休闲度假之胜地。

住宿 ACCOMMODATION

天星大酒店

南川宾馆

涉外旅游饭店南川宾馆(三星)
南川区南大街11号
023-71998888

天河酒店(三星)
南川区金佛大道158号
023-71409999

艺诚商务大酒店(三星)
南川区北腊口94号
023-71419999

金川大酒店(三星)
南川区金佛大道龙园路口
023-71618888

金佛山大酒店(二星)
南川区西大街7号
023-71432368

卧龙潭宾馆(二星)
南川区金佛山北坡卧龙潭景区
023-71485270

楠竹山宾馆(二星)
南川区楠竹山森林公园
023-71639203

交旅天星大酒店(四星)
南川区金佛山西坡
023-71665555

金佛山假日酒店(二星)
南川区金佛山药池坝景区
023-87858888

景区农家乐

核桃树山庄
金佛山北坡索道下站
023-71485196

山里人家
金佛山北坡索道下站
023-71485173

望佛山庄
金佛山北坡索道下站
023-71485488

美食推荐 CUISINE

金佛山方竹笋宴、养生烤药羊、养生药羊汤锅、鲜山珍、鲜野菜、养生菜、烧鸡公、原生态冷水鱼、凌家铺子特色农家菜等。

SHOPPING GUIDE

购物指南

金佛山方竹笋、“金佛玉翠”绿茶、金丝木工艺品、中华蜂蜜等。

方竹笋

金丝木工艺品

大足石刻 风景名胜区

大足古号“海棠香国”，境内山川毓秀，古迹众多，旅游资源得天独厚。大足石刻风景名胜区总面积112.58平方公里，主要由宝顶山—化龙水库景区、南山—北山景区、石篆山—响水滩水库景区、石门山—跃进水库景区、玉龙山—龙水湖景区五大景区组成。拥有重庆市唯一的世界文化遗产——大足石刻，重庆市唯一的国家级水利风景区——龙水湖，国家森林公园——玉龙山等80多个景点，以及全国知名的非物质文化遗产——万古鲤鱼灯与中敖火龙。改革开放以来，大足累计接待国内外旅游者2000多万人次，不仅是长江三峡国际黄金旅游热线的起点，更是中国西部旅游长廊上的一颗璀璨明珠。

龙水湖国家水利风景区被誉为“重庆西湖”，湖水清澈如镜，烟波浩淼，108个绿荫小岛点缀其中，形态各异、灿若繁星，荡舟置身湖面，可顿尝水天一色、回归自然之美。

玉龙山国家森林公园与龙水湖国家水利风景区山水相依。其山势险峻，竹海苍翠，松柏参天，森林覆盖率达95.5%，桫椤、珙桐等珍稀物种荟萃。高耸的云台寺，奇特的三清洞，形成了融山、水、石、园、庙、洞为一体的旅游度假区。

以北山、宝顶山、南山、石门山、石篆山石窟为代表的大足石刻，造像5万余尊，铭文10余万字，是世界八大石窟之一，代表着公元9～13世纪长达400年历史里人类石窟艺术的最高水平，是世界石窟艺术史上最后的丰碑，在1999年12月先于龙门、云冈石窟列入《世界文化遗产目录》。1987年，美国前国务卿基辛格参观大足石刻后惊奇地赞叹：“我到过世界的很多地方，这里使我觉得它是最生动，最宏伟的古代博物馆，令人不可思议。中国了不起，到了中国不参观大足石刻是个遗憾。”

管理机构：大足石刻风景名胜区管理委员会

地址：重庆市大足县宝顶镇香山街202号

邮编：402360

龙水湖

交通 出行宝典 TRANSPORTATION

大足县位于重庆市西北部，东距重庆80公里，西离成都269公里。境内交通便捷，成渝铁路、成渝公路、成渝高速公路穿南境而过，连接主要景区的公路均实现了高等级化，主要景区均为二级公路。

长途客运：

大足—重庆 06:30–18:30 （滚动发车）

大足—成都 07:15，08:15，14:00

023–43643783

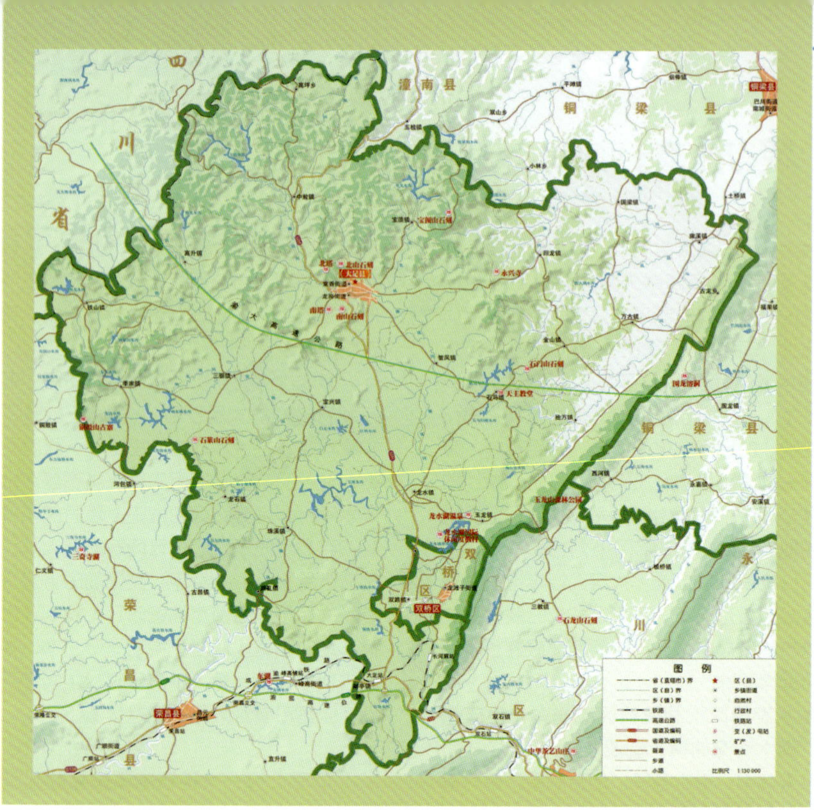

区域交通图

大足石刻风景名胜区导游图 MAP

大足石刻

北山石窟

北山石窟位于大足县城北的北山（古名龙岗山）之上，开凿于唐景福元年至南宋绍兴末年（公元892－1162年），依岩而建，长达里许，形若新月，龛窟密如蜂房，分为南、北两段，共编290号。

北山石窟的菩萨像、观音像数量之丰、造型之美，被誉为“中国唐宋时期观音造像的陈列馆”。其中136窟的普贤菩萨，慈悲面相中蕴含典雅高贵，被盛赞为“东方的维纳斯”；125窟的数珠手观音，俗称“媚态观音”，其秀丽妩媚，可亲可近，貌似走下神坛的人间美女；122龛的诃利帝母，则更是被民间大众尊称为“送子观音”，深受百姓爱戴。北山石窟内同时还有被称为“寰宇间仅此一刻”的古文孝经碑，是儒家经典的稀世孤本。

北山北塔

北山门票：90元（3月1日－11月30日）、70元（12月1日－次年2月底）
宝顶山和北山联票：170元（3月1日－11月30日）、120元（12月1日－次年2月底）
开放时间：09:00—17:00
023—43722163
区内交通：可乘坐县内出租车到达，车资4～6元。

转轮经藏窟（北山）

宝顶山石窟

宝顶山石窟位于大足县城龙岗镇东北处的宝顶山之上，始凿于南宋淳熙至淳祐年间（公元1174－1252年），由一代名僧赵智凤终其一生长达70余年的时间组织雕凿而成，是中国唯一一处有整体构思的大型石窟，也是一座造像将近万尊的大型佛教密宗道场。

宝顶山石窟的摩崖造像包括以圣寿寺为中心的大佛湾、小佛湾造像，分布在东、南、北

圣迹池（宝顶山）

释迦涅槃圣迹图（宝顶山）

三面，有巨型雕刻360余幅，其中，8号千手观音造像是国家文物局列名的“全国石质文物保护类一号工程”，被赞誉为“国宝中的国宝”和“大足石刻的标志”；22号大愤怒明王像被有关专家称为是“东方的大卫”。

宝顶山门票：120元／人（3月1日–11月30日）、90元／人（12月1日–次年2月底）

宝顶山和北山联票：170元／人（3月1日–11月30日）、120元／人（12月1日–次年2月底）

开放时间：08:30–18:00（17:30停止售票）

023–43785774

千手观音（宝顶山）

区内交通：县客运中心车站、南门桥汽车站专线巴士。

南山石窟

南山石窟位于大足县城南的南山之上，开凿于南宋绍兴年间（公园1131–1162年），明清两代稍有增补，现有造像十五龛，以三清古洞为代表作，均为道家造像作品。

南山石窟门票：5元／人

开放时间：09:00–17:00

区内交通：可乘坐县城出租车到达，车费4～6元。

三清洞（南山）

孔子龛（石篆山）

石篆山石窟

石篆山石窟位于大足县三驱镇佛惠村，于北宋元丰五年至绍圣三年（公元1082–1096年）开凿而成。摩崖崖面长约130米，造像以老君洞为代表作，为典型的释、道、儒“三教”合一造像区，在世界石窟中极为罕见。

石门山石窟

石门山石窟位于大足县石马镇石门村，开凿于北宋、南宋时期（公元1094–1151年），有造像12龛窟，尚存造像记20件，碑碣、题刻8件，培修记8件，为佛教、道教合一造像区。

三皇洞（石门山）

孔雀明王窟（石门山）

多宝塔

多宝塔

多宝塔又称北塔，矗立在大足县城北的北山之巅，建于南宋绍兴十七年至二十五年（公元1147–1155年）。塔通高33米，塔身呈腰鼓形，外观十二级，内做七级，为八角形密檐阁楼式砖塔。于塔内拾阶而上，可一览北山和县城风貌。塔内外砖砌小龛，雕造石像，主要题材有历史人物，佛教善财童子五十三参故事等图像，此塔临崖而立，卓然雄姿，为大足标志性景观。

免费开放，可乘坐县内出租车到达。

龙水湖

龙水湖位于距县城南部15公里的八岳山麓，是重庆市唯一的国家级水利风景区，水域面积5600多亩，常年蓄水1500多万方。龙水湖被誉为“重庆西湖”，湖水清澈如镜，烟波浩淼，108个绿荫小岛点缀其中，形态各异、灿若繁星，荡舟置身湖面，可顿尝水天一色，回归自然之美。湖内建有由重庆广电集团倾力打造的集湖滨温泉、影视拍摄、文化创意体验、健康疗养与超五星酒店等一体的多功能国际旅游度假区。

龙水湖门票：10元／人

区内交通：县客运中心乘车至龙水镇后，换乘至玉龙镇，沿途下车可达。

龙水湖湖畔温泉

玉龙山

玉龙山竹海

玉龙山地势险奇，山高峰峻、竹海苍翠、松柏参天，内有玉龙山森林公园，其森林覆盖率高达91.5%，于2004年被批准为国家森林公园。园内峡谷中生长着与恐龙同时代，具有“植物活化石”之称的桫椤树群，狐狸、刺猪、山羊、岩羊、野兔、山鸡等野生动物屡见不鲜，还有珙桐、香樟、古楠、怪柏、奇石、青杠、梅竹、茶丛点缀其中。与云台寺、三清洞等景点，共同形成了融山、水、石、园、庙、洞为一体的丰富旅游景观和特色旅游项目，是中外游客休闲、避暑、狩猎、品尝野味的绝佳去处。

佛教庙宇

作为世界八大石窟之一的大足石刻所在地，大足具有近千年悠久历史的佛教文化。国际佛光会世界总会会长星云大师曾为大足题词：“天下大足，佛满人间”。县内目前拥有圣寿寺、广大寺、妙高寺、顺水寺、正觉寺等历史古刹，终年法务兴隆，声播中外，每年来寺朝山礼佛、旅游观光者达百万之众。

圣寿寺

由南宋赵智凤创建，依靠宝顶山山势而造，气宇恢宏，错落有致。现存山门、天王殿、帝释殿、大雄殿、三世佛殿、燃灯殿和维摩殿七重殿宇，占地面积5000多平方米，为中国著名禅院，国家级重点文物保护单位。

圣寿寺门票：20元／人

开放时间：8:00—18:00

宝顶山景区内

区内交通：县汽车站专线巴士

023–43785207

千年古刹——圣寿寺

广大寺

广大寺位于宝顶镇西南1公里的广大山上，俗称“小宝顶”，是大足石刻精品区宝顶山摩崖造像的重要组成部分。广大寺始建于宋代，几经兴废，年久失修，为了保护这一珍贵的文化遗产，各级共投资数百万元对广大寺庙宇按照清代原貌进行了修复。昔日的三重殿宇、翘角飞檐、九龙朝宝浮雕、大肚弥勒、善财童子五十三参雕像等精品均得以恢复原貌，成为香客云集的新兴景点。

广大寺门票：20元／人

开放时间：09:00–17:00

宝顶山景区内

区内交通：县汽车站专线巴士

023–43785774

佛祖寺	宝顶山景区内	县汽车站专线巴士
顺水寺	大足县龙水镇	县客运中心乘车至龙水镇
正觉寺	大足县万古镇	县客运中心乘车至万古镇

文化名镇

铁山镇

位于大足县的最西端，辖区面积59.6平方公里。镇内的双河街为清朝老街，始建于乾隆十四年（1749年），造形朴素大方，古色古香，至今保存有清朝遗存下来的特色吊脚楼群，内建具备浙江绍兴古风的大步廊檐街。2002年4月铁山镇被批准为重庆市第一批历史文化名镇。

地址：大足县铁山镇

区内交通：县汽车站乘车至铁山镇可达

国梁镇

位于大足县北部，辖区面积38.9平方公里，是辛亥革命黄花岗七十二烈士之一饶国梁的出生地。饶国梁、饶国模兄妹的故居坐落于云路村4组，范围1200平方米，四至界碑齐全。镇内另有划为白鹭自然生态保护区的阳光村，依山伴水、鱼米丰富，目前栖息着逾万数的国家二级保护动物白鹭，并与村民生活在一起，形成了美丽和谐的生态景观。

地址：大足县国梁镇

区内交通：县客运中心乘车至国梁镇可达

特色观赏和体验 UNIQUE SCENERY & FESTIVALS

民俗民艺

中敖火龙：大足县中敖镇在春节期间有舞龙、烧龙的习俗，火龙全长20余米，由龙头、龙身、龙尾组成，多用竹篾扎架，麻线系头，彩纸和丝绸裱糊。龙嘴设喷火装置，龙身内装火药筒和油纸捻。烧龙以“火球”开路，舞龙者须赤裸上身，任由铁水、烟火喷射，龙口亦喷火，一时硝烟弥漫、响声震天，剽悍的舞龙者往来穿梭，直到将龙烧成光架，舞龙者并无半点损伤，颇为神奇壮观。1999年中央电视台《中国一绝》栏目曾到大足专题拍摄。

万古鲤鱼灯：大足万古鲤鱼灯舞是与铜梁龙舞齐名的民间舞蹈，肇始于清末，其雏形为“鱼鳅吃汤圆”，后经数代民间艺人的不断加工，逐渐演变、定型为“鲤鱼抢宝”等形态及玩舞动作。万古鲤鱼灯具有较高的艺术价值，曾代表四川省参加全国文艺调演，并被《中国一绝》、《同一个星球》等栏目隆重推出，目前已成功申报为重庆市非物质文化遗产名录。

节庆活动

宝顶香会：宝顶香会是一项佛事法会与民俗文化相交融的民间宗教节会，它萌动于南宋，兴盛于元代，经清朝、民国沿袭到当代，香火旺盛且历代不衰，至今已有800多年的历史。在香客信徒中，于大足宝顶山举办的香会素有“上朝峨眉，下朝宝顶”的美誉，特别是每年传说为观音诞辰的农历二月十九前后，数十万的香客、游客俱都赶往宝顶参观和朝拜，场面极其壮观。

大足宝顶香会以其独特的地域民俗特色，汇聚礼佛、春游、观光、娱乐、交流、商贸等各类活动于一体，目前已成为国内西部规模巨大、影响深远的知名宗教文化旅游盛事。

举办地点：大足宝顶山景区

举办时间：每年农历二月十九前后一周

龙水湖国际露营音乐节：中国大足龙水湖畔国际露营音乐节是由重庆广电集团和大足县人民政府共同主办的国际音乐盛会。音乐节每年一届在风景秀丽的龙水湖举办，为时2～3天，来自国内外的著名音乐人、歌手、顶级乐队与广大乐迷、游客云集龙水湖畔国际露营音乐节现场，享受音乐盛宴，举行狂欢派对。

举办地点：龙水湖畔

举办时间：每年一届

大足石刻四季 SEASON

大足地处川中丘陵与川东平行岭谷交接地带，属亚热带湿润季风气候区，四季分明；年平均气温17.3℃，最高温度37℃，最低温度2℃，气温立体变化明显；全年无霜期321天，年降雨量1004毫米。

美食推荐 CUISINE

地方名菜

烤全羊、荷花鱼、化龙鱼、酸菜乌鱼、跳水鱼、血旺鱼、豆花鱼、邮亭鲫鱼、啤酒蹄花、过桥划腰片、冬菜烧白等。

名特小吃

麻茸糍粑、金色瓜果、酱肉煎包、三驱凉粉等。

酒楼、餐馆、面店、夜宵、大排档等地点推荐

名称	地址	电话	经营特色
荷花山庄	大足县宝顶镇化龙街村	023−43784220	荷花全宴、农业立体观光
天醉园	大足县棠香五星村	023−43711237	五星枇杷、土生鲫鱼、亲水别墅
石都村	大足县棠香群力一村	023−43760433	生态度假
西苑	大足县龙岗明星村	023−43771666	内设重庆市农家乐最大的多功能厅（会议、品茗、歌舞等）

住宿 ACCOMMODATION

五星级酒店		
名称	地址	
华地王朝华美达广场酒店	大足县五星大道南段西侧	
三星级酒店／宾馆		
名称	地址	电话
大足宾馆	大足县龙岗办事处龙中路79号	023-43721888
联谊宾馆	大足县玉龙镇三教村4组	023-43628008
海棠香国酒店	大足县龙岗办事处南环路	023-43735555
二星级酒店／宾馆		
名称	地址	电话
鸿翔大酒店	大足县龙岗办事处滨河路7号	023-43724306
君逸酒店	大足县龙水镇工业园区1-48号	023-43640555
中发酒店	大足县龙水镇花市街上河坝	023-43622098
鸿兴商务宾馆	大足县北环东路棠香街道办事处393号	023-43723666

购物指南 SHOPPING GUIDE

大足特产丰富，土特产品种繁多，旅游商品颇具地方特色。

龙水小五金：大足是国家日用五金生产力促进中心授牌的“中国西部五金之都”，龙水小五金同大足石刻一样源远流长，起于两宋时期，距今已有近千年的历史，与北京王麻子、杭州张小泉刀剪南北齐名。

石雕：千年大足石刻，成就了中国石窟的最后丰碑和中国佛教文化的最后圣地，也孕育了大足民间大批杰出的石雕艺术大师。采用纯手工工艺制作的大足石雕产品造型精美、艺术精湛、特色鲜明、品种齐全，具有极高的艺术价值和收藏价值。

竹木根雕：大足的竹木根雕以竹、木和树根为原料，依据材料形状，加工成形态逼真的手工艺品，具有很高的观赏性和艺术性，“华艺”等品牌的系列竹刻产品久负盛名。

冬尖：大足冬尖以本地所产冬菜为原料，经独特的传统工艺加工、陈年坛贮而成，具有嫩、脆、鲜和清香浓郁、香味经久不散的特点，是家中常备良菜与宾客宴席上的美味佳肴。

茶叶：大足自古号茶乡。横贯县境东南的巴岳山脉，茶山如海，造就了万亩茶叶基地。秉承传统工艺，融入现代科技，涌现出大足松茗茶、石刻三茗茶、宝顶苦丁茶等一大批名优茶品。

调味品：大足调味品采用传统配方工艺和现代烹调技术，融麻、辣、鲜、香为一体，辣而不燥，麻辣并重，风味独特，回味悠长，有鲫鱼调味、下饭香、香辣鱼等数十个系列、40多个品种。

歌乐山 风景名胜区

歌乐山风景名胜区位于重庆市沙坪坝区中部，风景名胜区国家级森林公园、全国十佳优秀体育主题公园，全市唯一的森林体育休闲中心。它紧邻闹市，交通便捷，总面积3000亩，主峰693米，为重庆近邻群峰之冠，拥有“渝西第一峰”的美称。歌乐山素有“山城绿宝石”和“天然氧吧”之美誉，是山城两片肺叶之一，其历史文化积淀深厚，自然风光清丽幽深，历来为巴渝游览避暑胜地。

森林公园大门

歌乐山因“大禹治水功成召众宾歌乐于此”而得名，自然风光集“山、水、林、泉、洞、云、雾”为一体，古朴旷达、极具原始美。马蹄井、龙泉井、云顶寺、聪明泉、仙女湖、巴文化雕塑长廊等历史景点和神话传说使歌乐山灵气四溢。古代文人墨客常来此探幽览胜，赋诗刻石；当代文学大师郭沫若、冰心、老舍、臧克家都在山中写下众多名文佳句，流传至今。陪都时期，蒋介石、林森、冯玉祥等均在山上设下官邸。

经过近十年的开发建设，景区拥有了一批与自然环境配合极佳的体育休闲项目：攀岩、飞降、卡丁车、网球场、山地自行车、空中迷宫等。在重庆市旅游业发展“十五”规划中，歌乐山国家森林公园已被明确定位成重庆市的体育休闲中心，成为集“体育健身”、“休闲度假”、“会议接待”三大功能为一体的综合景区。

管理机构名称：重庆沙坪坝区旅游局

地　址：重庆市沙坪坝歌乐山国家森林公园

邮　编：400036

电　话：023－65505778

传　真：023－65505778

邮　箱：gls3001@126.com

http://www.spbtravel.org / www.glspark.cn

歌乐山风景名胜区导游图 MAP

交通 出行宝典 TRANSPORTATION

（一）区外交通

1. 重庆菜园坝乘210至白公馆，转乘观光索道至歌乐山森林公园；

2. 重庆江北区北汽城乘201、沙区三峡广场乘280至歌乐山森林公园；

3. 重庆沙坪坝站西路乘歌乐山专线面的至歌乐山森林公园。

（二）区内交通

1. 歌乐生态登山道：歌乐山森林公园有6条“生态登山道”，专为儿童设计的“成长阶梯”登山道，有爱情主题的“同心道”，有围绕歌乐山美丽传说的“仙乐峰登山道”，有感悟人生的“人生路”……这6条“歌乐生态登山道”的起点、终点及沿线都设置刻有科学健身、科学登山知识的标牌；沿途若干的休息平台都设有休息座椅以及突出深化每条登山道主题的相关项目。

2. 歌乐山观光索道：是重庆市第一条旅

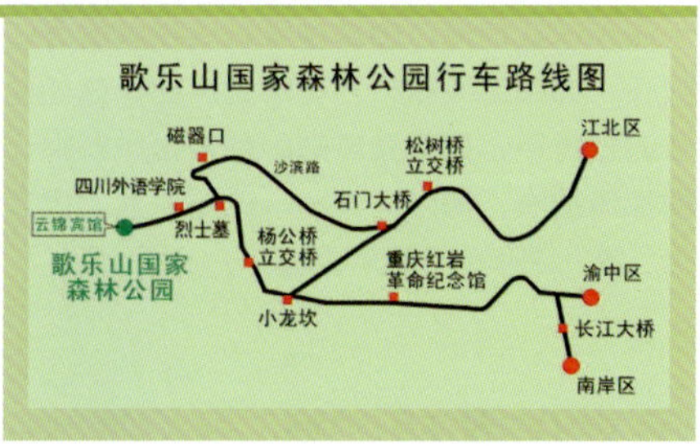

行车路线图

游观光索道。它直接通向素有“渝西第一峰”之称的歌乐山主峰云顶峰，索道长900余米，运行速度1米/秒，全程共需时间17分钟。人们坐在索道吊篮上即可观赏满山葱郁繁茂的森林风光，又可俯瞰嘉陵江及沙区、江北区、渝中区城市景观。

观光索道

常规线路

1.由索道下站口可选择登重庆景致最优美的免费登山步道，1956步台阶伴你步步移景，每当风和日丽、游人如织，健身吸氧，备受游人青睐。也可乘坐观景索道上山，居高眺望，风光无限。抵索道上站入公园游览。

2.途经烈士墓、川外大学，沿三百梯古道蜿蜒而至“歌乐山森林公园”景区荷花池票口，进入园区游玩。

歌乐山观云台

狮子峰因一峰独秀，历来就是歌乐山俯瞰、远眺和聆听“歌乐灵音”的绝佳之处。风景秀丽的歌乐山观云台，近可观歌乐美景、嘉陵夕照，远可眺北部新区、渝中半岛；站立平台，文化名区，六所高校一览无遗，一江如带，山城雄卧，渝州胜景尽收眼底，如果清风徐来，可听见声如管弦如丝竹的松涛声，如遇劲风则山谷中松风齐鸣，如惊涛拍岸，如万马奔腾，这便是有“巴渝十二景”之称的“歌乐灵音”。

歌乐山观云台

巴文化雕塑广场

位于歌乐主峰云顶峰上，为全国第一座巴文化雕塑群，分为“巴人之舟”、“五丁大石”、“祭祀”三大主题，集自然景观、雕塑艺术和地域历史文化为一体，以神话传说和史料为基础，结合粗犷雄浑的艺术表现手法，生动地展现雄健古朴的巴人历史文化。

巴文化雕塑广场

歌乐山名人摩崖题刻

歌乐山有明代文渊阁大学士王应熊题的“峰高五岳”、“渝西第一峰”，和云顶寺侧龙泉池边的“龙泉”碑，也有抗战时的林森、冯玉祥等众多名人的近代题刻。“文以山丽，山以文传。”游人登山寻幽观光，能观赏到名人诗文题刻，实是一件快事。

仙女湖

传说是歌乐仙子因思念大禹流泪而成。现在是重庆市钓鱼协会的垂钓基地。

仙女湖

特色观赏和体验 UNIQUE SCENERY & FESTIVALS

歌乐山森林公园拥有多个与自然环境配合极佳的体育休闲项目。

歌乐飞降

“歌乐飞降”为目前全国固定站坡度第一的高山速降，全长310米，高差55米，游客借助钢索、挂带自高处急降，既可领略在莽莽丛林中呼啸而下的惊险刺激，又可同时鸟瞰森林公园美景。

歌乐飞降

歌乐攀岩

歌乐攀岩场有天然攀登道和参照国际标准修建的人工攀岩道共12条，难度各异，为目前西南地区最大的室外攀岩场。

歌乐攀岩

越野卡丁车

空中探险迷宫

山地自行车

森林越野卡丁车

总长800余米的独特山地车道，惊险刺激，在丛林中飙车飞驰，强劲的马力带给你充分的驾驶乐趣，最时尚的运动带给你最前卫的感受。

空中探险迷宫

重庆市唯一的空中栈道和森林攀爬相结合的森林探险迷宫，栈道总长300米，设13个关口，全程跌宕起伏、蜿蜒曲折，游客置身其中，犹如在空中来去、林中穿梭，在寻径探路的同时，闯关夺隘，挑战自然，战胜自我，一定会获得质朴的快乐。

山地自行车

这里设有专业车道和普通车道，能让你在密林中充分体验惊险与刺激。

森林迪士尼

进入美丽的童话世界，观赏和倾听闻名中外的童话故事，通过参与演绎属于自己的梦幻“童话故事”。感受到梦幻童话与绿色森林的有机结合，使孩子找到快乐，使成人梦回童年。

歌乐山四季 SEASON

歌乐山风景区最大特色是“幽”：巍巍歌乐、青峰秀玲、蔚然深秀。1677公顷的林区，腹地深广、游客容量大，植被为亚热带常绿阔叶混交林，马尾松、苍松、翠柏占

80%。植被区系起源古老，林中有水衫、孔雀杉、银杏、桢楠、香樟、柳杉、红豆木等珍贵乔木30多种，陪都时期从美国引进的湿地松已成林。森林自然景观古朴，游客漫步幽林，可听到画眉、百灵、杜鹃的啼声。由于林区气候调节，夏季凉爽宜人，气温比城区低3～4℃，对于炎夏酷热有“火锅”之称的重庆，歌乐山为游人提供了一处消夏避暑的“清凉世界”，为寄情于山林的游客，提供了一处远离尘嚣，回归大自然，充满清丽和野趣的“绿的世界”。

水杉林

住宿 ACCOMMODATION

云锦宾馆

位于歌乐山国家森林公园内，依山傍水，满眼葱绿，环境优美，是集住宿、餐饮、会议、拓展培训为一体的度假会议型宾馆。云锦宾馆拥有高、中、低档次的各类客房。其中四星级景观别墅2栋，别墅内健身房、书房、棋牌室、娱乐室一应俱全，设备高档豪华，是重要接待和休闲的理想选择；中、低档次客房有套房、单间、标间共40余套。

023-65502002

云锦宾馆客房

美食推荐 CUISINE

云锦阁菜坊

位于云锦宾馆内，有就餐大厅及各种规格的豪华包房，可同时接纳近400人就餐。由特级厨师主理，以渝派菜系为主，有歌乐山辣子鸡、仙女湖烤鱼、聪明泉豆花、云锦毛血旺、宫爆青鳝、乡村胡豆、香辣牛柳、蕨粉、蕨菜等一批独具山野风味的特色菜品。

餐厅包间

南山—南泉风景名胜区

南泉 景区

南温泉，位于重庆之南，地处花溪河畔，距市中心18公里，占地320公顷，是重庆著名的市级风景名胜区。南温泉发现于明朝，始建于清，拥有悠久的历史文化，是重庆四大名泉之一。景区气候温和宜人，雨量充沛，年平均气温在15～18C°，充沛的降雨量使植被、溪流、瀑布生机勃勃，常年不衰。

景区温泉日开采量超过2万方，水温常年保持在35～42℃，水质富含偏硅酸、偏硼酸、氟、锶等医疗矿物质，具有良好的疗养和美肤作用。景区内山、水、林、泉、瀑等自然景观丰富，有“南塘温泳”、“峭壁飞泉”等美称，巍峨雄壮的建文峰高耸入云间，蜿蜒的花溪河碧波荡漾；古柏苍松，郁郁葱葱；翠竹碧柳摇曳多姿；仙女洞、天门洞、离奇深幽；山、水、林、泉、洞、瀑景观奇异，绘就了秀丽的南温泉风光。

著名的南温泉十二景，犹如十二颗明珠镶嵌在美丽的图画中。古仙女洞、王向氏、建文帝、高岩老祖，构成一个个美丽动人的传说；孔园、曾公馆、蒋介石官邸、林森别墅等抗战遗迹散布其间；清代白鹤林彭氏民居保存完好；解放重庆主战场的纪念碑、南泉烈士陵园是重庆市重要的教育基地。

管理机构：重庆市巴南区南温泉旅游风景区管理处

地址：重庆市巴南区南泉街道办事处

邮编：400056

电话：023-62848153

南温泉风景名胜区正门

交通 出行宝典 TRANSPORTATION

(一)公交车线路

1.从江北机场(乘大巴)—江北海关(转611路中级车直达)—嘉陵江大桥—长江大桥—南坪—巴南区炒油场—南温泉景区(全长40公里)。

2.从龙头寺火车站(611路中级车直达)—嘉陵江大桥—长江大桥—南坪—巴南区炒油场—南温泉景区(全长20公里)。

3.从菜园坝火车站(611路中级车直达)—长江大桥—南坪—巴南炒油场—南温泉景区(全长16公里)。

4.从朝天门码头(308路车)—长江大桥南桥头(转611路中级车直达)—南坪—巴南区炒油场—南温泉景区(全长18公里)。

机场大巴车发车时间每半小时一班。

611路车发车时间06:30—19:30。

(二)自驾车线路

1.从江北机场、渝北区可走渝黔高速路到南泉立交下,40分钟即可到达。

2.从火车北站,江北区、北部新区可走渝黔高速路到南泉立交下,距南温泉景区20公里,25分钟即可到达。

3.从菜园坝火车、朝天门码头、渝中区出发,到南温泉景区18公里,25分钟即可到达。

4.从沙坪坝、杨家坪可走上界高速路到大山村立交下,20分钟即可到达。

精品线路

西大门小泉—蒋介石官邸—陈氏公馆—天门洞—总机洞99号酒店—原生态温泉—花溪垂钓—五湖占雨—三峡奔雷—峭壁飞泉—仙女洞—温泉会所—烈士陵园—金库洞—温泉广场—游乐中心—曾公馆—虎啸悬流—孔园—林森别墅—建文峰

峭壁飞泉

峭壁飞泉迎面是高岩对峙,大树参天,河水碧清,溪亭倒影,泉水自高岩悬壁上凌空飞下,取其特色峭壁飞泉。有诗叹:“飞泉怒吼出苍崖,却是吴门白马来。为喜多情陪画意,留连溪畔漫徘徊。”

飞泉

仙女洞

建文遗迹

建文峰海拔504米，原名为建禹山，因相传明建文帝为避其第四皇叔朱棣起兵发难，削发为僧，流落于建禹山修行避难。故后人改称为建文峰。原山顶有建文庙，内有让皇殿，还有“玉泉”，建文帝用此煮茶，称建文井。

蒋介石官邸

孔园

仙女洞

“仙女幽岩”，又名古仙女洞，是一座高达30米的石灰溶洞，洞深千余米，洞内岔道纵横，神秘幽深；石钟乳自顶下垂，冬暖夏凉。

建文庙

玉泉

蒋介石官邸

蒋介石官邸系国民党总裁、军事委员会委员长、国民党政府最高领导人蒋介石在小泉的住所。1938年国民党中央政治学校由广州迁至重庆小泉，蒋介石兼任该校校长，他到校检阅及参加活动时均住在这里，故曰蒋介石官邸。2010年蒋介石官邸被评为市级文物保护单位。

孔园

孔园建于1939年。原是国民党政府前行政院长兼财政部长孔祥熙的官邸。现室内还保存有部分原物及珍贵照片展出。

住宿 ACCOMMODATION

公园温泉会所

南温泉公园温泉会所

公园温泉会所以巴厘岛极简度假庄园为造园蓝本，精心规划鱼疗温泉池，香氛温泉池，水疗温泉池，桑拿温泉区，游泳温泉池，戏水温泉池及养生温泉池等七区二十余个特色温泉汤池，是休闲娱乐、健体养身的首选。

温泉门票：88元/人，儿童78元/人

☎023–62841666

阳光温泉度假村

阳光温泉度假村是三星级标准的度假及商务型涉外酒店，阳光温泉度假村依山而建，紧邻花溪河，风景宜人。

阳光度假村房间价格：标准间A型268元/间、标准间B型238元/间，均含温泉及早餐。（价格以实际为准）

☎023–62848199

阳光温泉度假村主体外景

瑞泉养生庄园

瑞泉养生庄园以养生和温泉为主题，由私人汤屋12间、芳疗中心25间、餐饮设施、度假别墅16栋四个部分构成，是目前国内档次最高、规模最大、项目最多、最具特色的温泉养生庄园。

温泉门票：168/人

☎023–62841111

瑞泉养生庄园芳疗中心

美食推荐 CUISINE

南温泉风景区内青云山庄全牛火锅、南泉六合鱼、盘龙黄鳝等特色菜肴集“麻、辣、酸、嫩、烫、鲜”于一体，都是游客品尝的佳肴。

六合鱼

全牛火锅

东温泉 风景名胜区

东温泉位于有“中国温泉之乡”美誉的重庆市巴南区，属市级风景名胜区。景区占地面积29.1平方公里，景区内温泉资源十分丰富，品质极佳。温泉总储量45亿立方米，日开采量5万立方米。有冷泉和热泉，四季均可沐浴，水温最高达50℃。水中富含氡、氟、锶、锌、锂等人体必需的多种元素，是十分珍贵的医疗型矿泉水。

景区内峰峦叠嶂，峡谷幽深，拥有热洞温泉天然桑拿、温泉裸浴、五布河、重庆市最具特色风貌小城镇等特色旅游资源。仙女峰、飞鹰峰、慈云峰、翠屏峰、宁安山、木耳山等奇山异峰，仙女洞、古佛洞、打儿洞、龙洞清泉等溶洞奇观，狮子蓬莱岛屿仙境、双江胜景、关津峡谷等河谷奇观及白沙寺、钟山飞阁等宗教殿堂，被誉为东温泉24景。此外，景区还提供温泉洗浴、养生理疗、登山健体、拓展训练、五布泛舟等休闲度假项目。

东温泉景区集山、水、泉、林、洞、瀑等自然景观为一体，山清水秀，相得益彰，俨然一幅美丽的水墨山水画。有道是“山外青山楼外楼，巴渝美景胜杭州，人夸西湖多秀丽，谁知东泉更风流。”

管理机构：重庆市巴南区东温泉旅游风景区管理办公室

地址：重庆市巴南区东泉镇正街107号

邮编：401342

电话：023-66459235

传真：023-66450608，66459527

http://www.dongwenquan.com

东温泉——五布翠流

东温泉风景名胜区导游图 MAP

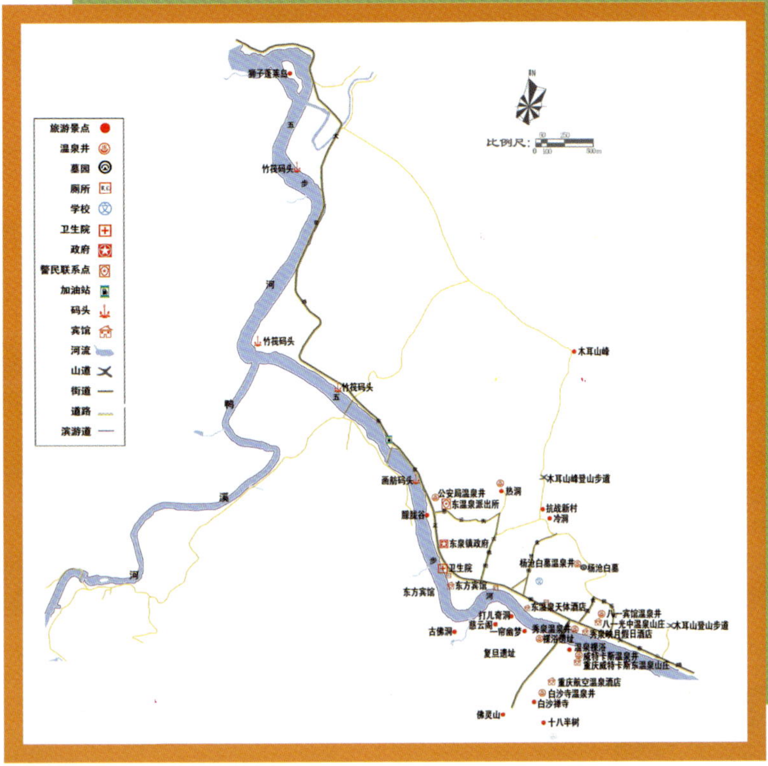

交通 出行宝典 TRANSPORTATION

区外交通

①江北国际机场—南坪—东温泉。

②重庆菜园坝火车站、龙头寺火车北站—南坪—东温泉。

③南坪长途汽车站：乘南坪—东泉长途汽车，发车时间为7：30—18：00，全程票价12元，行程约90分钟。

④鱼洞鱼胡路车站：乘鱼洞—东泉长途汽车，发车时间为5：50—15：50，全程票价12元，行程约100分钟。

①重庆市区—茶园新区经南涪路—木洞—东温泉。总里程50公里，自驾时间约40分钟。

区域交通图

②江北国际机场经外环高速路—迎龙经南涪路—木洞—东温泉。

③丰都—涪陵经南涪路—木洞—东温泉。

④开县—万州—梁平—垫江—长寿经南涪路—木洞—东温泉。

⑤四川（成都）—重庆—茶园新区经南涪路—木洞—东温泉。

⑥贵州（贵阳）经渝黔高速公路—重庆（南环）经内环高速公路—茶园新区经南涪路—木洞—东温泉。

⑦湖南（长沙）经渝湘高速公路—重庆（接龙）—姜家—东温泉。

区内交通

景区内各景点比较集中，游览以步行为主。其中滨河游步道、木耳山登山游步道、古佛栈道等均是欣赏美景、休闲健身的理想之地。

翠屏丹青

翠屏丹青位于五布河西北岸，从公路桥始展开山水画轴，流金溢彩，止于狮子蓬莱岛。她以秀峰、悬崖、飞瀑、古洞、亭阁为轴心，以清澈河水、市镇设施为铺垫，恣情睢意地展示她的美丽与多情。她集东泉山水之精华于一体，集五布河之魅力于一身，是东泉风光朗润秀丽的门面，与对岸之天然桑拿浴堪称“东泉双绝”。

翠屏丹青

十八半树

十八半树

十八半树是重庆第一奇树，位于白沙禅寺内。该树是一棵古银杏树，被闪电击中劈断，有一半已枯死，另一半仍顽强地生长，一棵生命力极强的黄葛树寄生距地面约5米高的树腰上，且枝繁叶茂，生机盎然。即：“半生半死”、“半干半湿”、“半遮半露”、“半阴半阳”、“半正半歪”、“半主半客”、“半古半今”、“半老半少”、“半喜半忧”。

白沙禅寺

白沙禅寺

白沙禅寺始建于明嘉靖三十七年（公元1558年），清乾隆十年（1745年）重修，现占地约20亩，法嗣承接于重庆华岩寺，高僧辈出，有不少游客慕名而来，香火依旧旺盛。

沧白陵园

沧白陵园是东温泉具有特色的人文景观。杨沧白（1881—1942），重庆巴县木洞人，曾协助孙中山组建中华革命党，曾任四川省长、财政部长、广州政府大元帅大本营秘书长、国民党中央执委和候补监委、广东省长、北京政府司法总长。

沧白陵园

精品线路

上午：仙女峰—飞鹰峰—古佛洞—打儿洞—复旦遗址；
下午：白沙禅寺—十八半树—木耳山—杨沧白墓—抗战新村；
晚间：热洞温泉或裸浴体验。

特色观赏和体验 UNIQUE SCENERY & FESTIVALS

地质奇观

热洞温泉天然桑拿：东温泉热洞位于木耳峰南麓，形成于喀斯特槽谷地形，是亚洲唯一、世界三大热洞之一。洞中恒温40℃，洞内长100余米，洞径大小各异，大如厅、高大宽敞，小如巷、低矮狭窄。洞内有两孔温泉，泉水涌流不息。热洞沐浴，可蒸浴也可水浴，被誉为“天然桑拿”。水中含有氡、氟、锶、锂等丰富的矿物质，空气中含有氡气等稀有气体，辅以合适的水温，对伤风感冒、肩周炎、风湿痛、呼吸道疾病有特别疗效。被国内外学者誉称“喀斯特卢”的中国工程院院士卢耀如先生曾赞誉：“东泉热洞奇观，世之自然瑰宝”，称其拥有申报世界自然遗产的价值和条件。

热洞温泉

票价：6月–9月，50元/人
10月–次年5月，88元/人

☎ 023–66450123

※特别提示：

（1）洞中温度高、湿度大、空气流通不畅，患有高血压、心脏病、脑血栓等心血管疾病者不宜入内；

（2）未成年人及60岁以上老人入内须有家人陪护。

历史文化

东温泉历史文化底蕴厚重，养育了大批优秀的东泉儿女。在沧白陵园长眠的杨沧白先生作为孙中山先生的亲密战友和同盟会重庆支部负责人，先发动武装起义推翻清朝川东政权，后响应孙中山“二次革命”号召，在重庆起兵讨袁，为辛亥革命和抗战胜利建立了不朽功勋。另外，景区内留有抗战时期日军“重庆大轰炸”时，国民党监察院长于佑任为董事长修建的赈济新村遗址（现抗战新村）和国民党人士作为文化教育界疏散地的复旦大学附中遗址。

票价：免费

民俗文化

东温泉露天裸浴场，位于东温泉五布河的西岸。东温泉裸浴历史悠久，自明朝延续至今已有600余年历史，是当地老百姓一种淳朴的生活习俗。不论春夏秋冬、白天黑夜，男女老少均在此裸浴嬉水，古朴纯真、无男女授受不亲之嫌，无拘泥羞涩之态。东温泉民俗裸浴已成为巴南区独特的地域民俗文化，堪称东温泉一绝。随着世俗观念的改变，越来越多的游客慕名而来，在此抛开城市的喧嚣，和大自然来一次亲密接触。

票价：5元/人

※特别提示：

未成年人及60岁以上老人入内须有家人陪护。

东温泉四季 SEASON

东温泉风景名胜区属于亚热带季风气候，四季分明，多雾少日照，降水充沛，集中在5月至8月，平均相对湿度81%以上，平均气温18.4℃。由于受山区小环境气候的影响，夏季有森林调节，冬季有丰富地热的调节，冬暖夏凉的小气候特别明显。尤其在夏季，平均气温比重庆市主城区低3.5℃，是避暑纳凉、休闲度假的首选之地。

美食推荐 CUISINE

野生盘龙黄鳝

东温泉风景区的菜品在承袭渝派菜系麻辣鲜香风格的同时，也融入了部分北方菜系憨实厚重的特点，于酣畅淋漓中肆意彰显快意直爽的江湖文化。

野生盘龙黄鳝、尖椒鲹子鱼、木洞豆花、椒麻兔、烤鱼、烤全羊等，都是值得品尝的美味佳肴。

木洞豆花

住宿 ACCOMMODATION

温泉酒店、宾馆、山庄：

重庆航空温泉酒店

重庆市巴南区东泉镇佛灵街19号

023–66450888

航空温泉酒店

重庆东方民俗温泉

重庆市巴南区东温泉镇正镇86号

023–66456666

秀泉映月酒店

重庆市巴南区东温泉镇正镇102号

023–66459838

秀泉映月酒店

重庆威特卡丝东温泉大酒店

重庆市巴南区东温泉镇佛灵街3号

023–66459585

天体酒店

重庆市巴南区东温泉镇正镇100号

023–66459966

重庆（八一）光中温泉山庄

重庆市巴南区东温泉镇正镇539号

023–66459126

农家乐：

东温泉旅游经济的发展已带动一批当地老百姓创业致富。景区内现有大小农家乐32家，能满足个人和团体吃、住、娱乐等需要，详情可登陆景区官网查询或致电咨询。

购物指南 SHOPPING GUIDE

五布红心柚

五布红心柚：因最先引入种植并发展于五布乡且果肉为淡红色而得名。该产品资源丰富，以其果大、色黄、香浓、汁多、脆嫩化渣、无异味等特点，被评为全国优质水果，1989年部优产品，并连续两年被评选为全国农业科技博览会金杯奖。

青龙湖 风景名胜区

青龙湖风景名胜区，位于重庆市璧山县北部的云雾山中，距重庆市区约33公里，属山岳型自然风景区。2000年青龙湖被重庆市政府评为市级风景名胜区，2002年评为国家级森林公园。

青龙湖原名大沟水库，系20世纪50年代人工在峡谷筑堤截流而成，90年代初辟为风景区。在湖畔险峰铁围寨上凭高俯瞰，十多个连绵苍翠的小山峦组成了一条神情活灵活现、栩栩如生的“青龙”，龙尾在缓缓摇摆，龙首直捣湖中汲水，青龙湖由此得名。景区以青龙湖和两座宋代寨堡为中心，有12个主要景观和72个小景点。青龙湖风景名胜区以青龙湖为中心景区，周围按资源和功能分区有天堂湖景区、铁围寨景区、古老寨景区、双狮鸣螺景区和五虎石景区，分布着“青龙戏水”、“铁围晚霞”、“双狮鸣螺”、“五虎闹山”、“青龙宝塔”、“古寨胜景”、“银杏庄园”等18个主景和72个配景。青龙湖是重庆市近郊森林植被和水质保护最好的风景名胜区和森林公园之一，其景色以“翠、绿、幽、秀”著称。美丽的青龙湖山水相映，像一处玲珑幽秀的山中盆景，有着挡不住的诱惑，青龙戏水、九女出浴、群峰腾雾、观音坐莲等自然秀色令人心旷神怡，赤壁夕照、铁围晚霞、金坛虎啸、双狮鸣螺、古寨笑佛、五虎闹山等奇景使人流连忘返，被园林专家誉为“川东小九寨沟”。铁围寨断崖百丈，壁立千仞，被旅游行家赞为“川东小峨眉”。

管理机构：青龙湖风景区管委会
地址：重庆市璧山县青龙湖森林公园内
邮编：400030
值班电话：023-41638064

青龙湖风景名胜区

交通 出行宝典 TRANSPORTATION

区外交通

在重庆市朝天门、龙头寺设有旅游班车直达青龙湖

时间：每天上午8：00至下午6：00

票价：20元／人

1. 从重庆或成都出发在成渝高速路青杠下道→白云湖→璧山县城→青龙湖；

2. 从老成渝公路（319国道）经青木关→璧山县城→青龙湖。

区内交通

1. 绿色环保观光车

青龙湖景区内交通极为便利，为了增加景区接待量，区内交通由统一的绿色观光车承担。

时间：每天9：00–18：00

2. 游船

票价：15元/人

联系电话 023–41638064

3. 风景区内建有专门的游人步道、车道、马道

青龙湖

青龙湖湖水蜿蜒曲折，走势如龙，加上水映山色，墨绿盈盈。登上险以远的铁围寨，凭高俯瞰，湖岸群峰连绵逶迤，十多座山峦衔接，其脊起伏，虽静处亦犹腾动，加上植被苍莽，一身黛色，如蛟龙兴云播雾自天而降，兼之龙首直捣湖水，作吮吸之状。山形之龙与水势之龙广赴一迎，刚柔兼济，阴阳相谐。

青龙湖雪景

铁围寨

相传1259年2月蒙古大汗蒙哥(成吉思汗之孙)亲率十万大军进攻合川钓鱼城，久攻不下，后派一支人马绕道先攻下重庆，然后溯嘉陵江而上夹攻钓鱼城。途经此地，只见山势峥嵘，堞垛坚固，旌旗猎猎。蒙军主将立马挥剑冲锋，不料四野杀声震天，飞箭如雨，滚木擂石势不可挡，蒙军大败，择路而逃。后人为纪念这次战斗，把这个山寨誉为铁围寨，取铁壁铜墙固若金汤不可攻克之意。如今铁围寨上的刀光剑影已被参天松柏、滴翠修竹、泛绿蔑草所替代，当年的鼓角锋鸣已变成了林间的虫鸣鸟啼。寨旁有一平台，晨可观看东方日出，昏能欣赏西天晚霞。

古寨胜景

青龙湖西北3公里有一古寨，始建于南宋，人称古老寨，是当时义军根据地，今天成了景色优美的探幽览胜寻古之地。寨内桦柏幽幽，现存有宅基，摩岩碑刻，又高又厚的条石寨墙，巨石拱券的寨门，门外石级蜿蜒而下。寨西门外峭壁上，巨石笑佛袒胸露怀，呵呵大笑，古往今来，庇佑着人们的平安。北门外，绝壁上有一金黄色巨石，呈坛状，天然生盖。昔有三只猛虎常夜伏此石坛上，静听寨下金坛寺长老讲颂佛经，与人为友。明末清初，一母虎携三幼虎常卧坛长啸，故人称“金坛虎啸”、“三虎听经”。民国初年，画虎大师张善子因反袁失败，与友人张安钦曾避匿石下，摹虎写生，以抒其志。烟雾云海，是古寨又一胜景。每当雨后初晴，烟云弥漫，如棉似雪，波翻浪涌，秀峰隐现。值旭日东升，金光万道，破雾穿云，蔚为壮观。

湖光山色

银装素裹的青龙湖

青龙湖四季 SEASON

青龙湖属四川盆地东南部长江上游亚热带湿润气候区，属温凉山区，具有雨量充沛、雨热同季、云雾多、晴天少、风速小、日照时数少、湿度较大、无霜期长、热量资源丰富、终年多云雾、气候资源潜力大等特点。年平均气温15.3—16.5℃，相对湿度81%，秋冬季最大，春季最小。同璧山县城气候比较，夏季比县城气温低4.2—10.2℃，冬季则比县城高1.2℃，是夏季旅游避暑，冬季观赏云雾的理想之地。

美食推荐 CUISINE

烤全羊、烤野兔。

住宿 ACCOMMODATION

林园宾馆

联系人：傅家毅

023-41638067

晨祥山庄

联系人：丁朝政

023-41638137

青龙湖度假村

联系人：敖良华

023-41638063

松竹度假村

联系人：张勇

023-41638388

青龙湖度假村客房

购物指南 SHOPPING GUIDE

青龙湖三大特产：七蕊黄花、云雾绿茶、翠竹玉笋。

璧山传统的土特产品有璧山土布、璧山干酒、玉麟锦缎、青杠板栗、大路黄、天池银丝粉。另有璧山微雕、“璧玉一号”优质梨、璧山财兔、风味源板兔、“白云湖”板鸭等名扬国内外。

小南海 风景名胜区

小南海地处渝鄂交界地，距黔江城28公里，是一个融山、海、岛、峡诸风光于一体的高山淡水堰塞湖泊，也是国内迄今保存最完整的一处古地震遗址。

据清《黔江县志》载："清咸丰六年（公元1856年）五月壬子，地大震，后坝乡山崩……溪口遂被埋塞。厥后，盛夏雨水，溪涨不通，潴为大泽，延袤20余里。"至今，当年地震形成的断岩绝壁——海口北侧的大垮岩、小垮岩等遗迹仍清楚可见。小南海作为地震堰塞湖，其规模之大、景观之美、保护之完整、地震运动程序之清晰、学术价值之高，都是全国独有、世界罕见的。她不仅是中国文化的珍贵遗产，也是世界文化的珍贵遗产。日本专家誉之为"活的地震博物馆"。

2.87平方公里的小南海地震湖湖周，秀峰环抱，湖面碧波荡漾，湖水平均深度30米，最深处52.7米。历经150年的沧桑，今天的小南海依然保持了较为完整的地震原貌。景区资源独特奇异，开发建设效果良好。湖区有朝阳寺岛、老鹳坪岛、牛背岛等三大岛屿。各个岛上林木葱郁、环境幽雅，景区基础设施及配套设施较为完善。

小南海现已拥有"国家级地震遗址保护区"、"全国防震减灾科普宣传教育基地"、"国家地质公园"、"国家AAAA级景区"、"中国最佳旅游景区"等多个国家级品牌，2000年被评为"重庆市十佳旅游景区"。

秀丽的小南海热忱欢迎您的到来！

管理机构：重庆市黔江区小南海风景名胜管理处

地址：重庆市黔江区小南海镇小南海海口

邮编：409000

电话（传真）：023-79856060

门票价格：80元/人

小南海

交通 出行宝典 TRANSPORTATION

区外交通

机场：黔江机场位于黔江舟白新城，距主城区4公里。目前仅开通至重庆航班，每天一班，飞行时间40分钟，机票价格230元。明年将陆续开通北京、上海、广州等多条航线。

铁路：黔江火车站位于黔江正阳新城，距主城区8公里。目前经停黔江站的旅客列车30多对。黔江至重庆（特快）只需3.5小时，硬座票价40元。

公路：

1.渝湘高速纵贯黔江，黔江至重庆自驾只需2.5小时。重庆菜园坝汽车站、朝天门汽车站乘重庆至黔江汽车西站和南站公交车，1小时一班实行滚动发车，3小时车程，车费87～110元/人。

2.黔江城区至小南海景区道路目前为3级水泥路，距离28公里。汽车东站发往景区的公交实行滚动发班，20分钟一班，车程50分钟，车费8.5元；正在新建的黔江—小南海二级旅游公路全长22公里，预计2012年底建成通车。

区内交通

景区内道路主要以步行游览为主，部分路段可自驾观光。景区游船实行滚动发班，船票15元/人。

区域交通图

朝阳寺岛

得名于岛上的朝阳寺，因为形如蝴蝶，也称“蝴蝶岛”，面积为96.9亩。朝阳寺为乾隆二十九年（公元1764年）间的一位黔江知县杨云彩积善重建，原有寺宇四合大院，房屋60多间，供奉着南海观音及二十四诸天神，以及十八罗汉等。小南海就因为供奉南海观音而得名。可惜朝阳寺在“文革”中被火焚，只留下这些遒劲苍翠的古松遥对海口。

老鹳坪岛

小南海最小的岛屿，面积为8.6亩。老鹳坪岛因为常有一种长嘴、灰白羽毛的老鹳鸟栖息其上而得名。卵石、沙滩、古松倒映水中，老鹳坪岛宛如万顷碧波中的一只青螺。

“醉汉”森林

湖心下面有水下“醉汉”森林，木材在水下是越浸越硬的，所以水枯季节船老板在这一带特别小心，避免触上树桩。在小南海，民间还根据湖面的一些现象来预测天气变化，如久晴之后，突然有一排短木棍直立着游动于湖面，则是大雨将至的象征，大雨一过，这些木棍便横卧在湖面了；反之，大雨时节，突然出现大量木棍竖着，则是雨止天晴的前兆。

牛背岛

小南海的第一大岛，面积为124.9亩。右边是侧卧的头部，中间如同宽阔的牛背沐浴水中，牛回头顾盼湖心小岛——月亮堡，形成了“犀牛望月”的景观。岛后的倒牵溪窄如彩带，幽深飘逸，牛背岛上四季杂花生树，一岛松风，进入其中恬淡自然，荣辱皆忘！

精品线路

地震遗址滚石区—大垮岩—小垮岩—朝阳寺岛—老鹳坪岛—鸡爪亭—牛背岛

小南海

吊桥

特色观赏和体验 UNIQUE SCENERY & FESTIVALS

黔江人民擅长歌舞，其劳动歌、薅秧锣鼓歌、山歌、哭嫁歌、木叶情歌等皆即兴创作，出口成章，且构思精巧，充满浓郁的乡土气息。驰名区内外的摆手舞、花灯舞等极富群众性，旋律轻快，动作原始质朴，给人爽心悦目的感受。

小南海四季 SEASON

黔江区地处渝东南武陵山区，属中亚热带湿润性季风性气候。气候温和，四季分明，热量丰富，雨量充沛，季风明显。气候具有随海拔高度变化的立体规律，是典型的山地气候。全区年均气温15.4℃，极端最高气温38.6℃，极端最低气温5.8℃。月平均气温7月最高，为25.9℃；1月最低，为4.3℃。

美食推荐 CUISINE

黔江鸡杂

黔江鸡杂是黔江煨锅系列的代表菜，运用土家烹饪方式，用鸡肠、鸡肝、鸡心等鸡内脏为原料，并把鸡肉切成薄片，辅以土豆块、尖头泡椒、鲜葱等烹制而成，口味麻辣兼备，色鲜味美，醇香可口。黔江鸡杂煮熟后，用文火边煮边吃，可添加白菜、豆芽、冬瓜、青菜等素菜，形成别具特色的一道土家菜肴。

住宿 ACCOMMODATION

小南海牛背岛上建有宾馆饭店供游人休憩，并有大小农家乐18家，备有各种土家风味特色菜品。还可接待客人住宿，体会农家风情。并有土家、苗族风情表演邀请您的参与。

购物指南 SHOPPING GUIDE

黔江的苗族刺绣、蜡染手工制品久享盛名，饮誉国内外。刺绣以紫色为基调，工艺十分精湛。蜡染更别具特色，独领风骚。

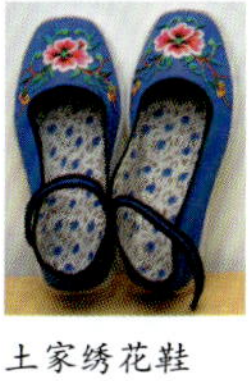

土家绣花鞋

绣花坎肩

乌江百里画廊 风景名胜区

酉阳乌江画廊（乌江山峡）风景名胜区位于重庆市酉阳土家族苗族自治县西部，是重庆三大旅游目的地体系之一、四大旅游建设精品之一、十大旅游主题公园之一、渝东南民俗风情旅游核心区。主要有乌江、龚滩古镇、阿蓬江三大景区，是一处集自然山水、历史古镇、民俗风情于一体的高品位风景名胜区。

管理机构：龚滩景区管委会
地址：重庆市酉阳县龚滩古镇207号
邮编：409817
电话：023-75580177
传真：023-75582277
E-mail：gtjqgwh@163.com
http://www.gtjqw.com

龚滩古镇

乌江百里画廊风景名胜区导游图

MAP

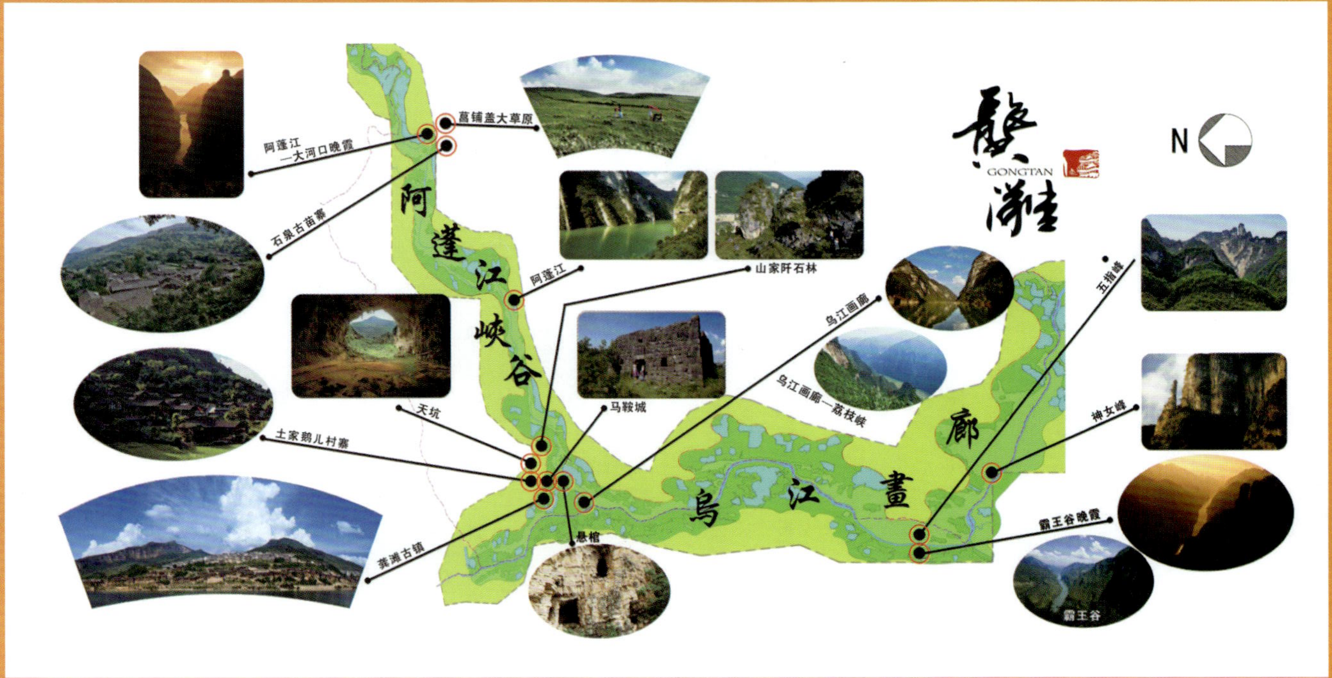

交通 出行宝典 TRANSPORTATION

区外交通

舟白机场：位于重庆市黔江区，距酉阳县和龚滩分别68公里和123公里，从重庆到舟白机场飞行时间约25分钟。

渝湘高速公路：距渝湘高速路彭水出口47公里，酉阳桃花源出口约65公里，自彭水直达龚滩约50分钟；自酉阳直达龚滩约80分钟。

渝怀铁路：距酉阳火车站和彭水火车站分别为104公里和58公里。

推荐交通线路：

自驾游线路：

重庆—武隆—彭水—龚滩（全程270公里）

重庆—武隆—酉阳（桃花源）—龚滩（全程380公里）

自助游线路：

重庆（火车或汽车）—酉阳龙潭镇（赵世炎烈士纪念馆、龙潭古镇）—酉阳县城（桃花源）—龚滩（龚滩古镇、乌江山峡百里画廊、阿蓬江峡谷）—彭水—武隆—重庆

重庆（火车或汽车）—武隆—彭水—龚滩（龚滩古镇、乌江山峡百里画廊、阿蓬江峡谷）

区内交通

游船	游阿蓬江峡谷：用时90分钟	
	票价80元／人	
	游乌江山峡百里画廊：	
	用时180分钟	票价130元／人
步游	游龚滩古镇：用时40分钟	

车站班车时刻表

龚滩景区车站班车时刻表

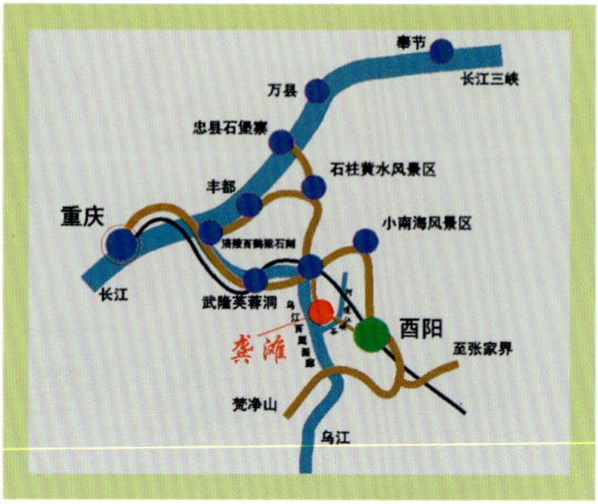

区域交通图

酉阳旅游观光巴士

线路	发车时间	票价
龚滩—彭水	7：00—17：00	20元／人
龚滩—酉阳	7：00—17：00	18元／人
龚滩—火车站	7：00—17：00	25元／人

酉阳县车站班车时刻表

线路	发车时间	票价
酉阳—龚滩	7：00—17：00	18元／人
酉阳—火车站	7：00—18：00	10元／人
酉阳—重庆	7：00—18：00	83元／人（高速公路）

彭水县车站班车时刻表

线路	发车时间	票价
彭水—龚滩(老车站)	7：00—17：00	20元／人
彭水—重庆(新车站)	7：00—17：00	60元／人

旅游服务 TRAVEL SERVICE

游客中心

两江驿站

两江驿站位于龚滩古镇货运码头，典型的土家吊脚楼，是集综合信息咨询、休闲娱乐、商务会议、餐饮住宿为一体的综合服务设施，提供导游讲解服务、咨询投诉服务、邮政信函服务、商务服务、特殊人群服务、机票订购服务等。

📞 023-85065999/85065666

龚滩旅游服务公司

位于龚滩古镇客运码头，提供导游讲解、旅游购物、游船乘坐、机票订购等服务。

📞 023-75678001

龚滩古镇

龚滩古镇是国家AAAA级旅游景区、重庆第一历史文化名镇、重庆十大旅游名镇、最值得向世界推荐的民族文化旅游胜地，位于乌江与阿蓬江交汇处的凤凰山麓，是山水景观和古镇文化紧密结合的典范，是乌江画廊风景名胜区旅游目的地和游客集散中心。

龚滩观景

1700余年的龚滩古镇，是乌江画廊的灵魂。现存长约2公里的石板街、150余堵别具一格的封火墙、200多个古朴幽静的四合院、12处县级文物保护单位、50多座形态各异的吊脚楼、独具地方特色，是国内保存完好且颇具规模的明清建筑群。龚滩古镇历史悠久、人文深厚、民俗浓郁、建筑独特，被誉为绝壁上的音符、古镇风貌的奇葩。国画大师吴冠中写道：“是唐街，是宋城，是爷爷奶奶的家。”

峭壁芭蕾

龚滩古镇是著名的影视拍摄地。峨眉电影制片厂用“乌江美景人未识，龚滩古镇第一娇”来赞美她。成功举办的龚滩国际攀岩挑战赛，上演了一幕幕“绝壁上的芭蕾”。

乌江画廊

乌江画廊风景名胜区是重庆市级风景名胜区，是一处集自然山水、历史古镇、民俗风情于一体的高品位的风景名胜区。著名景点有：神女峰、五指峰、霸王谷、千年永和寺、百年廊桥等。

乌江“山似斧劈、水似碧玉、虬枝盘旋、水鸟嬉翔”，以“奇山、怪石、碧水、险滩、古镇、廊桥、纤道、悬葬”为特色。特别是荔枝峡、白芨峡、土坨子峡是山水画廊的精品。清代诗人翁若梅赞叹：“蜀中山水奇，应推此第一。”

乌江画廊

乌江画廊

雄奇险秀的河谷沟壑，鬼斧神工的悬崖绝壁，桀骜不驯的乌江、欢快奔流的阿蓬江，点缀在秀美的乌江山峡百里画廊，受到了无数科考、探险、摄影爱好者及电影、电视剧组的青睐。

阿蓬江国家湿地公园

阿蓬江国家湿地公园，是乌江画廊市级风景名胜区的重要组成部分。阿蓬江发源于湖北利川市，流经恩施、咸丰、黔江，至龚滩汇入乌江，全长249公里。是全国罕见能够部分通航“一江春水向西流”的河流。阿蓬江的美在于：幽深的峡谷、急流的险滩、千年的溶洞、原始的森林、山水的本色、传说中的诱惑、民族的风情，能够充分满足游客们那种返璞归真的渴求，使人们领悟到一种激情，一种梦！主要景点有菖蒲盖大草原、石泉古苗寨、神龟峡谷等。

阿蓬江峡谷

阿蓬江峡谷

精品线路

龚滩古镇—阿蓬江峡谷—乌江画廊

特色观赏和体验 UNIQUE SCENERY & FESTIVALS

观植物—中华蚊母

在阿蓬江峡谷的两岸，成片生长着国家二级濒危珍稀植物“中华蚊母”。每年夏秋季河水上涨，蚊母被淹没长达4到5个月之久，冬春露出水面，被誉为“两栖植物”，由于当地的环境保护措施到位，游览阿蓬江时就可以观赏到中国最茂密的中华蚊母生长带。

中华蚊母

民风民俗

龚滩历史悠久、人文深厚、民俗浓郁，每逢年节，当地人总是用自己独特的形式来祝福、祈祷。他们表演阳戏、马灯、傩戏等，祝福来年好运气，祈祷来年好收成。

阳戏、傩戏

龚滩阳戏表演《关爷开朝》

苗家风情

乌江画廊四季 SEASON

龚滩年平均气温在18℃左右，冬季气温平均在6～8℃，夏季气温平均在27～38℃之间，终年少霜雪、多云雾，冬暖、夏热，春早、秋短，雨量充沛，夏秋之交夜雨更多，历代诗人对“巴山夜雨”多有吟咏。

龚滩山常绿水常青，风景秀丽。所以任何季节都可以旅游。

龚滩古镇

美食推荐 CUISINE

饮食

饮食文化是龚滩镇民俗文化重要的组成部分，以龚滩特有的食物原料烹饪出的菜肴，在酉阳甚至重庆、湖南、贵州等地区都有相当大的知名度。具有代表性的菜式有：香菌丸子汤、酸渣肉、菜豆腐、米豆腐、乌江鱼、灌海椒、土家油茶汤、炒绿豆粉、酥食儿等。比较有特色的餐馆有：田氏阁楼、杨家客栈、古镇水寨、老船工、冉瑜鱼庄等。

住宿 ACCOMMODATION

龚滩景区拥有各种档次酒店、宾馆、客栈数十家，从星级酒店到土家特色客栈，一应俱全、洁净卫生、温暖如家。

两江驿站

龚滩古镇货运码头

023-85065999

房价：288～498元

豫章楼

龚滩古镇知珍里街

023-75678001

房价：100～150元

大业客栈

龚滩古镇知珍里街

13098701183

房价：50～80元

古镇水寨

龚滩古镇客运码头

023-75676111

房价：120～150元

田家客栈

龚滩古镇知珍里街

15923609478

房价：50～80元

注：以上价格以实际为准。

购物指南 SHOPPING GUIDE

土特产品：

绿豆粉、苕粉、龚滩香菌、老鹰茶、酥食儿等。

特色手工艺品：

藤编、西兰卡普（土家织锦）、墨玉石等。

特色购物小店：

龚滩故事：经营土家族、苗族特色手工艺品。

龚滩旅游开发有限公司：集旅游购物、游船乘坐、导游解说服务、机票订购为一体，为游客提供便捷的个性化服务。

懒虫坊：主要经营特色手绘T恤和土家特色手工艺品，为你的龚滩之行带来轻松、愉快、浪漫的体验。

土家女织西兰卡普

西兰卡普：独家经营土家织锦——西兰卡普，在这里你不仅能购买到织锦，更能做一回土家人，来体验织锦的过程。

注：龚滩景区的土家特色物品，不仅能在以上购物小店里买到，也能在“龚滩景区网”中买到。

网址：www.gtjqw.com

023-75676055

18623288887，18623288881

小溪 风景名胜区

小溪风景名胜区位于重庆市涪陵区南郊。距涪陵城区12公里。属峡谷型自然风景旅游景区。因峡谷中有一条山涧被当地人世代称作“小溪”而得名。

小溪为重庆市市级风景名胜区，总面积24.7平方公里，以小溪为主的峡谷景观，并有地下溶洞、天生石桥、地下暗河等典型的喀斯特地貌景观。小溪发源于金佛山，为乌江支流，呈狭长的峡谷状态，全长125公里，峡谷两岸山峰连绵，层峦叠嶂，植被为次原始森林，针叶林、阔叶林与灌木丛混生，随季节变换，林相美好。小溪与乌江汇合处有一道200米以上高度的石崖，崖上积痕甚多，其图案如天、如云、如山、如树、如人物、如走兽、如花草，如一幅波澜壮阔的天然山水图画。景区山涧溪流与乌江交融，呼应横跨山涧的古石桥、古树、古栈道，相映成趣。景区山涧横亘一拦水坝，形成47万平方米的人工湖；景区著名的岩溶洞“巴王洞”，洞内平均高度在70米以上，有各种类型钟乳石，中部有暗河。洞外“天生桥”曾被美国卫星拍摄后发表在美国《国家地理》杂志上，被世人誉为“亚洲第一天生桥”。桥下有山泉流淌和白色鹅卵石滩，是游人喜爱的小憩之地。

据历史传说：原聚居于鄂西清江流域的巴民族，曾在小溪建立了入川后的第一个国都。其后巴国被楚国追剿，巴国军队全部壮烈牺牲于现在的溶洞内。景区依托古代巴国文化，建有一些纪念巴国历史人物的寨、洞、台、亭、馆，常年开展一些针对青少年游客为主的爱国主义教育活动。目前景区正按照国家AAAA级生态旅游景区开发建设。

电话：023-72278053
传真：023-72278052
E-mail：fulingxiaoxi1992@163.com

乌江的入口处

天生桥

土家渔民

小溪与乌江汇合处

巴王洞

黄水 风景名胜区

黄水风景名胜区位于重庆市石柱县黄水镇境内，距石柱土家族自治县城南宾镇63公里，距重庆市主城区240公里。是以天然森林景观为主体，集溪、湖、土家民俗文化于一体的山岳型风景名胜区。2002年7月，黄水风景名胜区被重庆市人民政府批准为市（省）级风景名胜区。黄水风景名胜区面积101.6平方公里，最高海拔1934米，最低1025米，年平均气温12.1℃，是全国有名的黄连之乡。

黄水风景名胜区是以森林、湖泊及丰富的生物景观为主要特色，兼有丰富的民族风情景观，可进行休闲度假、游览观光、科学研究及参与民族风情活动的山岳型市（省）级风景名胜区。风景区属川东褶皱带边沿地带、巫山大娄山中山地区，为山原地貌。气候属四川盆地东南部长江上游亚热带湿润季风气候区，全年气候温和，四季分明。

黄水风景名胜区地处山原，山岭走向与长江纵切，沿长江地段则断壁突起，山体延绵雄伟。峰峦挺秀，林海茫茫，集雄峰、林海、云雾、溪流于一体，并有古朴的民俗和美丽的传说，令人神往。主要景观有：油草河大桥、油草峡、铧头峰、水杉林、油草河、鹞子岩、十二花园姊妹山、三块和尚化石、狮子岩、绿宫听涛、土家风情园、柳杉林海、三岔河、灵芝聚秀、大风堡林海、珙桐林等。

黄水风景名胜区冬天雪景

管理机构：重庆市石柱县黄水旅游景区管理委员会

地址：重庆市石柱县南宾镇原邮政局五楼

邮编：409100

值班电话：023-73377350

传真：023-73377801

电子邮箱：qinjian866@163.com

交通 出行宝典 TRANSPORTATION

区外交通

线路1：重庆主城上沪蓉高速公路—石柱县—冷水（高速公路冷水互通出口下道）—黄水

线路2：上海（沪蓉高速公路）—武汉—湖北恩施—利川—黄水

线路3：万州—临溪—黄水

区内交通

1. 景区观光车：20元/人
2. 大风堡景区电瓶车：10元/人

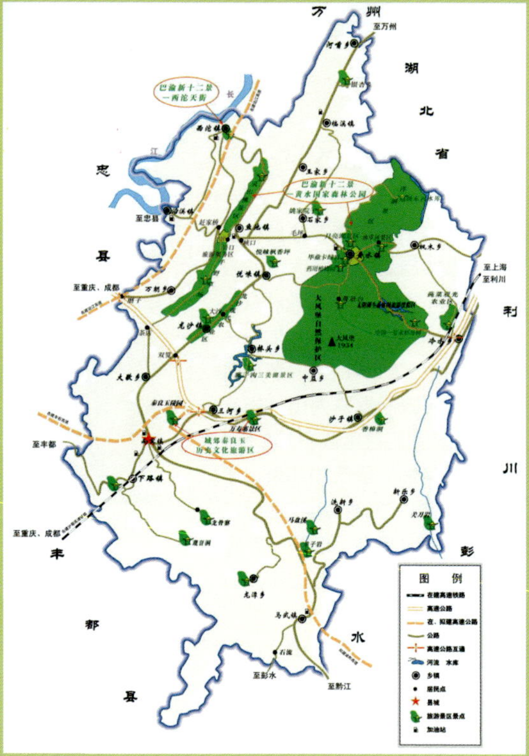

区域交通图

黄水风景名胜区导游图 MAP

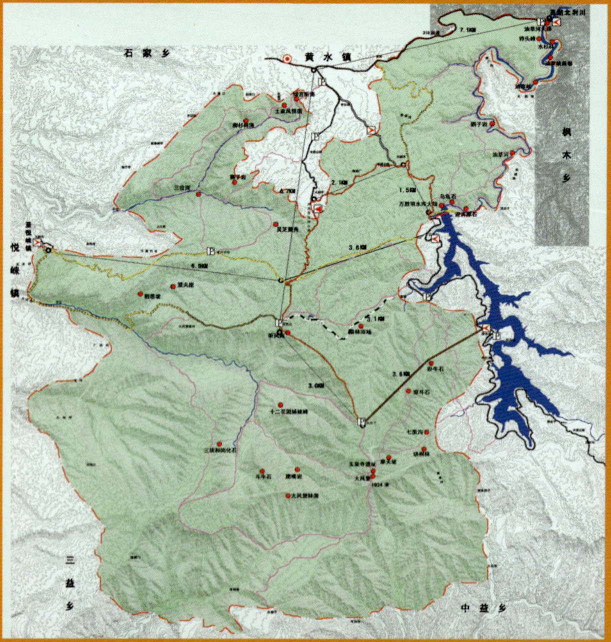

旅游服务 TRAVEL SERVICE

黄水游客接待中心

咨询 023-73377801

订餐 023-73392568

投诉 023-73377801

黄水风景名胜区医疗救助设在黄水镇卫生院，可以为游客游览提供便利的医疗救助。

游览景区门票价格：

大风堡60元/人、毕兹卡绿宫20元/人、油草河20元/人。

※重要提示：

黄水风景名胜区常年低温，海拔高，多有阴雨雾天。出门须带伞具和外套。

大风堡景区

大风堡

大风堡是重庆浦辉集团按国家AAAA级标准打造的山岳型旅游景区，于2009年9月建成对外开放，它位于重庆东部、长江南岸、三峡库区腹心地带的石柱土家族自治县黄水镇，总占地面积19700公顷，可游览面积10000亩，平均海拔1700米，最高峰1934米，是原大风堡市级自然保护区的实验区，是重庆市三峡库区面积较大、保存最完好的原始森林风景区之一，其主峰海拔1934米，属巫山山系七曜山余脉，群峦起伏，山岭叠翠，沟壑纵横，是石柱县最高峰和重庆市东部最高山峰，故有“渝东明珠”和“渝东第一峰”美誉。因常年大风吼鸣，山大惹人，树大招风，大风起时，风起云涌，林涛阵阵，山风呜呜，故名“大风堡”。作为新巴渝十二景“黄水林海”的重要组成部分之一，毕兹卡绿宫景区的植被覆盖面积达95%，负氧离子的含量达每立方厘米5万个以上，年均气温22～25℃，最低温度零下5℃，境内山间幽芳，四季不败，常年云雾缭绕，云山雾海，颇为壮观。雾凝为雨，山涧谷壑泉声不断，风景资源相当丰富，是久负盛名的“天然氧吧”。

毕兹卡绿宫

毕兹卡（土家人的自称）绿宫位于县黄水镇西南方，距黄水镇200米，海拔1560米，面积约100公顷，海拔1560米，由人工林、自然林和峡谷风光三个部分组成，是展示绿色生态和土家风情的主题公园。绿宫内绿树成荫，一行行整齐划一的柳杉树遮天蔽日。林间将规划建设绿色氧吧、森林野营、空中迷宫、山路十八弯、土家乐园、山珍餐馆、峡谷探险、峡谷速滑、摆手堂、娱乐园、药浴园、药浴馆等项目。置身绿宫，妙趣横生、其乐无穷，是游客休闲娱乐、纳凉避暑、体验土家风情的绿色宫殿。2000年该景区被评为AA级旅游风景区。

毕兹卡绿宫

万胜坝太阳湖

位于黄水国家森林公园东南部，平均海拔1450米，湖面面积3390多亩，是西南地区海拔最高、水质最好、植被最丰富的人工湖。太阳湖山水相映，绿树环抱，俨然一幅美丽的山水画。湖面碧波万顷，平静得如一面镜子。泛舟其上，水色潋滟，山景旖旎，美不胜收。湖内有浑然天成的岛屿，四周有形态各异的半岛，岸上森林密布，芳草萋萋，无不令游人心旷神怡。目前，太阳湖景区正由重庆浦辉房地产公司投资开发，拟规划建设成集度假疗养、游览避暑、会议接待、水上游乐等为一体的国家AAAA级景区。

万胜坝太阳湖

油草河

位于石柱县黄水镇境内。沿老318线可达。距县城65公里。是优美的山水型景区。油草河，因河边长满了绿油油的水草而得名。油草河两岸林木葱郁、怪石嶙峋、河水清亮碧绿，犹如碧玉，春夏之际，百花竞开，万绿丛中，红花点点，白花朵朵；秋季满山红叶，层林尽染，有“小小九寨”之美称。景区内的油草河大桥采用花拱结构，这种造型的大桥在全国仅有6座，该桥是最后建成的一座，在中外桥梁史上具有科考纪念的价值。景区建设有大门、步游小道、休闲桌凳、观景凉亭、厕所等接待设施。自2001年向社会开放以来，因自然风貌保存完好，深受游客喜爱。

油草河

精品线路 *a*　一日游

沿主要游线乘游览车开展较快速的游览，也可以一次游览一个景区或几个主要景点。

（1）黄水镇—大风堡—毕兹卡绿宫。

（2）黄水镇—油草河峡谷景区。

（3）黄水镇—油草河大桥—油槽峡画卷—万胜坝水库。

精品线路 *b*　二日游

以各片区的接待站为基地，沿主次游线乘车、步行、小火车游览。

黄水镇—绿宫听涛—土家风情园—柳杉林海—三岔河—观景台（食宿）—大风堡—油草河—油槽峡画卷—水杉林—油草河大桥—黄水镇。

精品线路 多日游

结合风景区周边旅游地共同开展度假休闲游，游线可灵活组织，如可按西沱云梯古街—千叶草场—黄水风景名胜区—秦良玉陵园—石柱县城顺次进行游览。

特色观赏和体验 UNIQUE SCENERY & FESTIVALS

黄水风景名胜区属川东褶皱带边沿地带、巫山大娄山中山地区，为山原地貌。风景区地势南北高，东西低，山岭连绵、峰峦叠嶂、沟壑交错、峡谷深切、溪河遍布、迂回曲折，地形极其复杂。大风堡海拔1934米，为石柱县最高点，油草河最低点海拔1025米，相对高差909米。风景名胜区属中亚热带典型的地带性植被类型，其间树木葱郁、森林茂密，其生物多样性十分丰富。常见的植物有56科122属197种，其中木本植物3000余种，药用植物1700余种，并且有较为珍稀的珙桐林、红豆杉林等。黄水风景区栖息多种动物群落，茂密的森林和深山幽谷，给野生动物提供了栖息繁衍的良好场所。据初步统计，有动物64科近200种，现风景区内常见的有：野兔、黄鼠狼、野山羊、獐、黄鹂、松鼠、锦鸡、雉鸡、竹鸡等。

黄水四季 SEASON

景区气候属四川盆地东南部长江上游亚热带湿润季风气候区，全年气候温和，四季分明。热量、降雨充沛，无酷暑、有霜雪；年平均气温12.1℃，最高气温25℃，最低气温−5.5℃，七月平均气温20℃，比石柱县城低8℃，比重庆市主城低10℃；年平均日照1333.3小时，无霜期约230天，年积雪30天左右；全年太阳总辐射量81千卡／平方厘米。

※重要提示：

黄水风景名胜区海拔1025～1934米，旅游时没有高原反应，到了夏季旅游也用不着带厚衣物，不是传说中那么冷。比如夏天的傍晚在重庆是闷热，而在黄水则有凉爽的感觉，凉爽的感觉不是拿厚衣服来衡量的，穿厚衣服只是当地农家乐说他们家有多凉快吸引客源罢了。

住宿 ACCOMMODATION

黄水宾馆

黄水宾馆位于石柱县黄水国家森林公园内，是集住宿、会议、娱乐等服务于一体的综合宾馆。于2006年5月正式营业，员工25人。宾馆占地面积1500平方米，建筑面积3500平方米。酒店地理位置优越、环境优雅，交通方便。

023-73392456

黄水镇川鄂街5号（街心花园旁）

黄水宾馆

黄水避暑山庄

坐落在重庆市石柱县黄水镇黄水湖畔，与黄水国家森林公园景区大风堡、毕兹卡绿宫、油草河、千野草场相呼应，建筑面积达到7000平方米左右，拥有别墅，豪华标间，普通标间，特色餐，大、小会议室及丰富的室内外娱乐，水上游船项目，是以三星级服务交通便利集餐、住、游、乐为一体的大型旅游山庄。

023-73392568

森林度假村

023-73391919

黄水镇川鄂街9号

黄水大重庆宾馆

023-73353555

黄水镇迎宾南路49号

三棵树酒楼

023-73392718

黄水镇黄连路11号

本酒店有20个标间，2个包房，可同时接待42人住宿。有停车场，会议室，并能承接230人同时进餐。

黄水鑫宇宾馆

本宾馆提供特色餐饮与食宿

023-73392688

黄水镇民族小区大风堡街50号

丰业地宾馆

丰业地宾馆位于黄水镇中心，政府旁边。是一家设施齐全，集住宿、餐饮、娱乐于一体的宾馆。

023-73395345

丰业地宾馆

石龙山庄

地处黄水一碗水（黄水加油站前方一公里），山庄建于318国道旁，与方丈峡谷的紫通沟相邻，四周依山傍水，绿树成荫。山庄建筑面积6000多平方米，拥有豪华套房、豪华标间、豪华单人间共计54间，提供宽带上网服务。会议室能容纳100余人进行商务会议，茶楼可供200余人休闲娱乐。餐饮部可供300余人同时就餐，提供黄水土家特色的农家套餐、野生菌子宴、烤鸡、烤全羊，并承接篝火晚会。拥有大型停车场。

023-73341999／73341666

石龙山庄

美食推荐及购物指南 CUISINE & SHOPPING GUIDE

莼菜

莼菜

莼菜：“波心未吐心如结，水叶初齐叶尚含。脂似玉肤柔绕指，转教风味忆江南。”这是明代诗人徐桂在《莼菜》中对莼菜的生动描绘。现代日本、美国、中国等国家的肿瘤专家确认：它可治疗胃肠癌、食道癌，还可治热痢、消肿、解毒、黄疸、痈肿、疗疱、白滞，并有美容、减肥功效。石柱已经成为全国莼菜基地，“吃山珍，喝连茶，品莼羹”已成为独具土家特色的新饮食文化代表。莼菜用以入厨，可煮、可炒，还可作馅……特别是做汤，茎紫叶绿，轻浮于碧清的汤水之中显得分外鲜明，清香幽幽微溢，诱人食欲，品尝时有一种别具风味的滑润感觉，食后鲜香之味久留齿颊，古人即有“莼脂清轻胜蟹脂”之赞。

黄连

黄连是名贵中药材，味苦、寒，《本草纲目》记有清热解毒、泻火消炎、降压、利胆、抗病毒，治呕吐、牙痛、妇女阴中肿痛等多种药用功效，在日本、韩国及东南亚、西欧等市场备受欢迎。现在，黄水镇是国家黄连GAP示范基地，建有中国最大的黄连交易市场，已开发的黄连系列旅游商品是旅游购物、馈赠亲朋之佳品。

黄连

野生菌子宴

野生菌子宴

黄水森林菇菌种类多，香味和质感都十分独特，加上含丰富蛋白质、氨基酸及维生素，近年更成为健康饮食的一大热点，不论中外游客都经常以菇菌入馔。

石柱土家人向来有吃野生菌的传统，对各种菌类的辨认更有其独到的经验和技巧，吃法多样，可烧、可烤、可煎、可炒、可煮、可炖，近年又推出了独特的野生菌宴。

野生菌宴和黄连茶、莼菜羹一样，是土家特色新饮食文化的代表。它由牛肝菌、大脚菌、千夫头、九月香、鸡脚菌、黄丝菌等20余种天然菌组成，配以土家特色佐料，以“火锅”形式品尝，味道鲜美，营养丰富，有促进人体新陈代谢，增强体质，养颜美容等多种功效，被誉为“卫生食品”、“保健食品”。游客到黄水国家森林公园休闲度假，“品野生菌宴，赏土家风情”是一种莫大的享受。

土家咂酒

源于隋末唐初，历史悠久，是土家族人庆祝喜庆节日、欢迎贵宾的“喜庆酒”。以糯米或高粱、玉米、小麦为原料发酵酿成，贮藏于瓦坛子，浓度低、味甘甜，用竹、麦、芦管吸吮，酒液洁莹透明，可加开水复咂，直到无酒味而止。石达开曾赋诗赞之：“万颗明珠供一瓯，王侯到此也低头。五龙捧出擎天柱，吸尽长江水倒流。”现已开发成旅游商品，备受游客青睐。

土家咂酒

甘井沟 风景名胜区

甘井沟风景名胜区以湖泊、森林及丰富的人文景观为主要特色，集历史遗迹、盐文化等文化遗产和青山秀水于一体，是可进行休闲度假、游览观光和科学研究的市（省）级风景名胜区。风景区位于长江忠县段两岸，总面积65.2平方公里。

甘井沟风景区内有戚家河、黄金河两条溪河，在三角滩汇入甘井沟。两条溪河穿流于重山峡谷间，溪河两侧直上直下的悬崖高有100米。既有大三峡的雄壮，也有小三峡的幽雅。沿途主要景观有三角、香龙、鱼箭、黄金等多处险滩，有多处风格迥异的、水流常年不断的天然瀑布散落其间，有形象逼真的、立于峭壁的羊子崖，有先人为渡河而建的、至今仍在使用的、古老的过河跳蹬。这里有世界上最古老的制盐场，大小几十口盐井分布其间。有1997年被评为全国十大考古发现之一的中坝遗址，其文化层厚达12.5米，从上到下依次为清、明、宋、唐、南朝、汉、秦、战国、春秋、西周、商、夏、和新石器时代，十分完整的展现了巴文化史。有保存完好的黄金古镇，那密集的吊脚楼，无声地述说着这里曾有过的繁华。这里还建有休闲庄、水上游乐场、射箭场等多种娱乐设施，是游人休闲、度假、观赏大自然的好去处。

目前，甘井沟风景名胜区正处在开发过程中，还未完全投入使用。

管理机构：长江三峡风景名胜区忠县管理所

地址：忠县城乡建设委员会风景名胜区管理所

邮编：404300

值班电话：023-54249303

甘井沟

交通 出行宝典 TRANSPORTATION

重庆飞机场—忠县途经长寿、垫江。重庆至忠县全程高速、路程198公里，中途服务区设在垫江。若不是自驾游，在重庆朝天门公共汽车站坐车，重庆至忠县半小时一趟班车，坐公共汽车用时2.5个小时，自驾游则需1小时40分钟。

甘井沟四季 SEASON

甘井沟风景名胜区属于亚热带湿润气候，具有显著的季风气候特点和区域性山地气候特点。其主要特点是温热凉寒明显，四季分明；降水充沛，且夏多冬少；日照充足，且夏丰冬欠。气候垂直差异较大，多年年均气温18.1℃，年平均气温最高值为18.7℃，最低值为17.5℃，最高气温39℃，最低气温3.8℃。

万州区（龙泉、青龙瀑布、潭獐峡、歇凤山）风景名胜区

龙泉风景名胜区、青龙瀑布风景名胜区、潭獐峡风景名胜区和歇凤山风景名胜区均位于重庆市万州区，为市级风景名胜区。

龙泉风景名胜区集山、水、园、林、洞和文化历史遗产为一体，自然风光秀美，生态环境幽雅。潭獐峡风景名胜区兼具大三峡之壮美，小三峡之幽深，“天坑地缝”之险峻。其“峡中有峡，洞中有洞，水中有潭，峰中藏峰”的鬼斧神工造就了美丽的峡谷景观。青龙瀑布风景名胜区是长江三峡旅游带的重要组成部分，享誉中外的“亚洲第一瀑”——青龙瀑布，以它惊天地、泣鬼神的磅礴气势和众星捧月般的奇特景观与脍炙人口的民间传说，受到世人瞩目。歇凤山风景名胜区以它底蕴深厚的历史人文景观，浓郁的三峡风情为特色，优美的自然环境，便利的交通，较为齐全的公共基础设施和生活服务设施，已成为重庆的绿色生态屏障、天然氧吧和城市后花园，是三峡库区具有很高科考价值和观赏价值的风景名胜胜地，也是人们旅游、观光、避暑、休闲的好地方。

注：目前青龙瀑布、龙泉、潭獐峡、歇凤山等4个风景名胜区基本处于原生态保护状况，没有对外接待游客，没有出售风景区门票，比较适合自驾游客及驴友探险。

管理机构：重庆市万州区风景名胜区管理处，负责全区4个风景名胜区的统一管理。

地址：重庆市万州区天城东路136号

邮编：404000

电话：023-58221114　023-58372191

传真：023-58221114

网址：http://www.cqwzjs.com

邮箱:wzqfgc@163.com

交通 出行宝典 TRANSPORTATION

区外交通

重庆—万州—宜昌，距离621公里

万州—北京、万州—上海、万州—广州、万州—昆明、万州—温州

达县—万州，达万铁路；宜昌—万州，宜万铁路

重庆—万州，渝万高速公路，距离247公里；万州—青龙瀑布省道，距离34公里；万州—云阳、万州—开县高速公路

万州区风景名胜区导游图

MAP

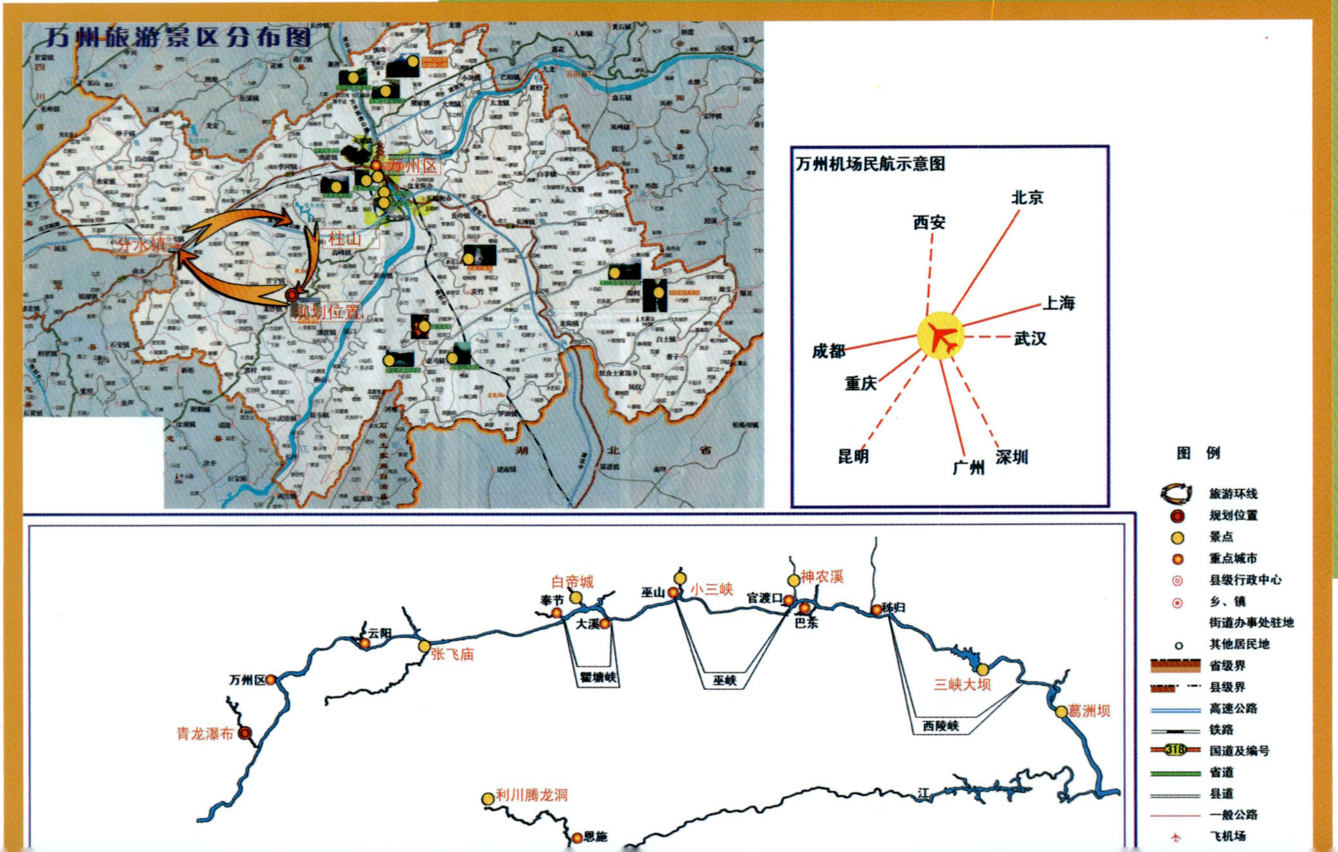

1. 龙泉

龙泉风景名胜区位于重庆市万州区长滩镇、茨竹乡境内，距万州城区36公里，风景区面积59.8平方公里，植被覆盖率达70%，2000年11月被重庆市政府批准命名为市级风景名胜区。

风景区以汉文化、盐文化、易经文化为主线展开，同时辅以峡谷、溶洞等景观，形成文化与自然景观相结合的风景主题，有龙门峡谷、龙门瀑布群、龙门溶洞群、外坝温泉、磨刀溪水系、明代易学大师来知德演易台遗址、汉代羊渠县古城遗址、古盐井遗址等近60个大小景点。龙门峡谷幽深曲折，树林草木郁郁葱葱，鸟语花香；虬溪河清澈蜿蜒，处处飞瀑流水，峡内20多处各具特色的深洞吸引着人们探险观奇；外坝温泉富含碳酸钙和硫化物，能治疗人体多种疾病，有“万州第一泉”之称；磨刀溪河流清澈无限，享有“万州第一漂”的美称。明代学者来知德在虬溪河畔搭演易台（今泉水小学校址），面壁二十九年，撰著《易经注》，在全国及日本、东南亚一带都有较大影响。易经文化遗址和汉代盐文化遗址、遗物，又赋予了风景区浓厚神秘的文化历史底蕴。现已建成的月亮湾龙门峡接待中心环境优雅，交通便利，318国道穿境而过，是万州市民及外来游客休闲、游览、疗养、探险的好去处。

交通 出行宝典 TRANSPORTATION

区内交通

（1）游览公路：长滩镇—月亮湾游览公路，道路长度5.5公里。

月亮湾—天子城游览公路，部分为原有机耕道改造，道路长度1.9公里。

茨竹乡—演易村的机耕道，道路长度2.5公里。

（2）步游道：环状游道连接各接待站和景点、观景点，主要步游道长15.5公里。

（3）水上游线及码头：磨刀溪水上游览漂流，全长7公里。码头分别设于长滩镇和清河园，在东林寺设停靠点。

精品线路

长滩镇—演易台—天坑—莲花寺—月亮湾—天子城—长滩镇形成环线，清河园—长滩镇—月亮湾—下龙门峡—上龙门峡—莲花寺形成主干，整个风景区形成主干加环状游路的基本游路形式。

优美秀丽的溪河景观：九曲虬溪河、磨刀溪河。

古朴雅致的古城镇景观：长滩镇。

翠崖对峙的峡谷景观：上、下龙门峡谷。

珍稀古老的遗迹景观：羊渠县城遗址、演易台遗址、虬溪书院遗址。

神奇独特的溶洞景观：龙泉洞、龙门峡溶洞群。

优质奇特的泉水景观：月亮湾温泉。

住宿 ACCOMMODATION

月亮湾温泉度假村

023-58621035

住宿标准：280～480元 标间

（价格以实际为准）

2.青龙瀑布

青龙瀑布风景名胜区位于重庆市万州区甘宁镇、响水镇境内，距万州城区34公里，风景区面积60.13平方公里。1995年1月被四川省人民政府批准命名为省级风景名胜区，1999年4月被重庆市政府转批为市级风景名胜区。

风景区分为东西两区。游览区共分为5个景区、33个景点。青龙瀑布风景名胜区的东区有山、水、林、洞、瀑布、潭等多种类型的自然景观。自然景观中尤以瀑壮、水秀、山奇、洞异著称。青龙瀑布为亚洲已发现的面积最大的单挂瀑布。东区人文景观丰富，如三国东吴大将甘宁将军墓遗迹、天宫堂遗迹、清观寺遗迹、钟寺遗迹、丱（guàn）峰书院遗迹，近代著名文学家、诗人、中国科学院文学研究所所长何其芳先生的故居遗迹等，都是极其宝贵的旅游资源。

西区融历史人文景观和幽美的自然景观于一体，有始建于宋朝宝庆二年的佛教中心，据传为明太祖朱元璋出生地、出家为僧处的宝莲禅寺遗址及古墓群，还有“一夫当关，万夫莫开”的錾不开院关，以及古寨遗址、黄杜堡双楼等。

青龙瀑布

交通 出行宝典 TRANSPORTATION

区内交通

游览公路　甘宁场—峰书院，5公里

丱峰水库—响水镇，4.2公里

甘宁场—甘宁胡，8公里

响水镇—车兴玲，9公里

MAP

青龙瀑布风景名胜区导游图

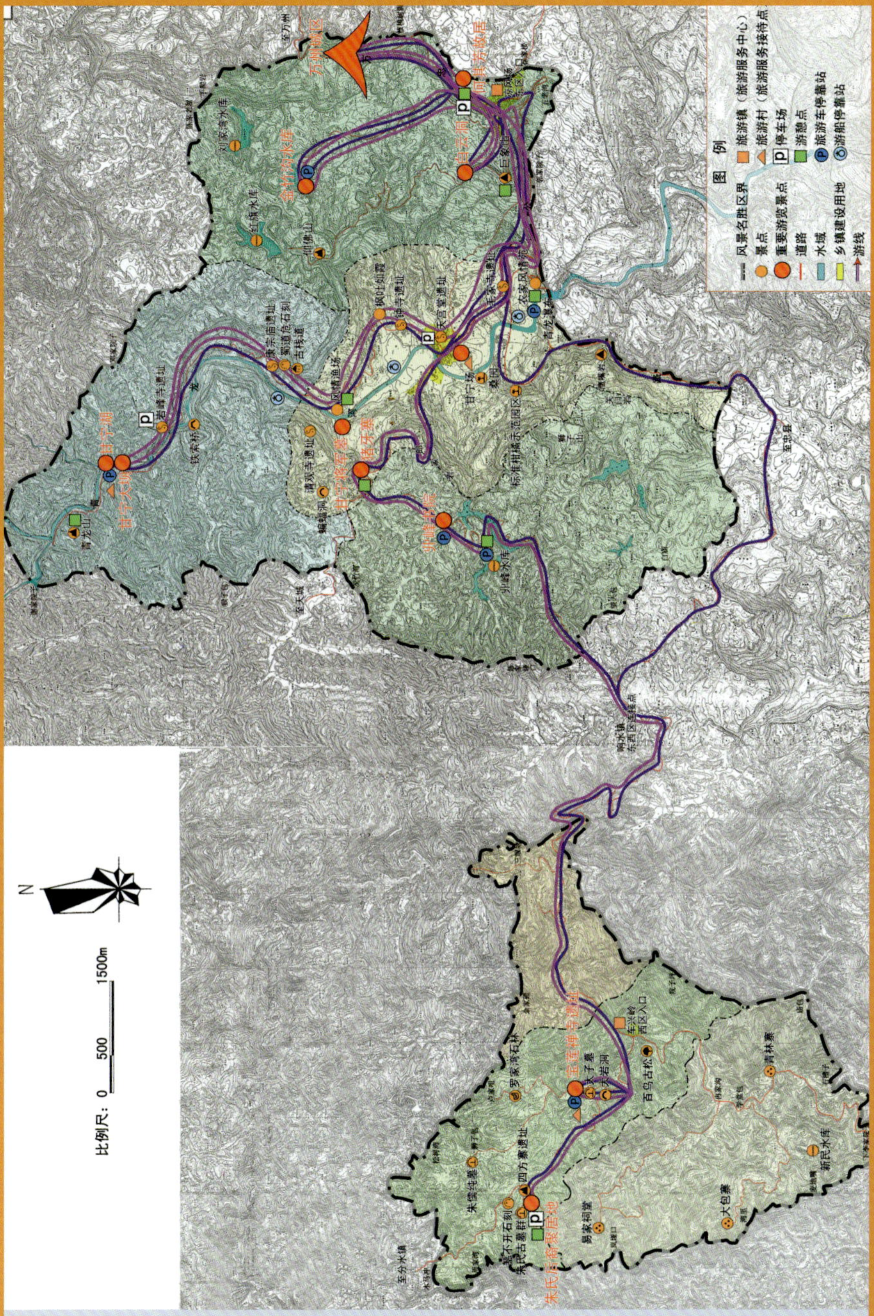

精品线路

（1）一日游

青龙瀑布—甘宁将军墓—甘宁湖—甘宁场

甘宁湖—金竹沟水库—白云洞—何其芳故居

宝莲禅寺—朱氏古墓群—丱峰书院—猪牙寨

（2）二日游

青龙瀑布—甘宁将军墓—甘宁湖—甘宁场或农家旅馆（住一夜）—白云洞—何其芳故居—金竹沟水库

青龙瀑布—丱峰书院—猪牙寨—响水镇或农家旅馆（住一夜）—宝莲禅寺—朱氏古墓群—朱氏后裔居住地

青龙瀑布风景名胜区分为青龙瀑布景区、甘宁湖景区、丱峰书院景区、白云洞景区、寨林神韵景区5大景区。

一级景点（1个）：青龙瀑布—青龙河。

二级景点（2个）：甘宁将军墓、何其芳故居。

三级景点（7个）：宝莲禅寺遗址、猪牙寨、甘宁湖、天宫堂遗址、仰佛山、青龙山、白云洞。

四级景点（23个）：鹰嘴岩、丱峰书院遗址、丱峰水库、金竹沟水库、红旗水库、刘家湾水库、桑园、巨象山、蝙蝠洞、铁索桥、风情渔场、枫叶如霞、甘宁大坝、岩峰寺遗址、清观寺遗址、蜀道危石刻、康宗庙遗址、钟寺遗址、四方寨遗址、大岩洞、太子墓、錾不开石刻、罗家湾石林。

青龙瀑布

瀑布宽115米，高64.5米，面积达7417.5平方米，比著名的黄果树瀑布尚宽19米，是名副其实的亚洲之最。该地区属于典型的喀斯特地貌，山石陡峭，森林茂密。该瀑布的独特之处不仅仅是因为它的雄伟壮阔，而是瀑布的走向是呈弓形，这使得瀑布成为名副其实的水帘洞。沿着瀑布内部的小道前行，从瀑布里面眺望外面的景色，另有一番滋味。瀑布之下有一约2000平方米的石洞，造型奇特，令人神往，是游人坐洞观瀑的绝佳去处；瀑布下游水草鲜美，落英缤纷，俨然陶翁之桃花源也。不远处是甘宁将军墓和甘宁雕像。青龙瀑布上游是甘宁水库，是垂钓、荡舟的好去处。

住宿 ACCOMMODATION

风景区内服务接待设施主要分布在甘宁场、凉风镇和逍遥庄度假村，有中档宾馆两座，度假村一所，总床位450个，餐饮、娱乐设施十家，商场两家，卫生院一所。周边还有很多农家乐。

☎ 023—58709977

住宿接待标准：280～380元 标间。

（价格以实际为准）

3.潭獐峡

潭獐峡风景名胜区位于重庆市万州区东部梨树乡、地宝乡境内，距万州城区70公里，面积67平方公里。2002年7月被重庆市政府批准命名为市级风景名胜区。

风景区分为峡谷探险景区、森林科考景区和民俗风情景区，有二级景点14个，三级景点16个，四级景点28个。潭獐峡是久匿在七曜山脉崇岭间的一条鲜为人知的神秘大峡谷，因深潭串联，獐子出没而得名，被称为渝东百里大峡谷。主峡全长21.1公里，24条支峡长35公里，峡谷最宽处数百米，最窄处仅1米，峰谷相对高差四五百米。潭獐大峡谷自上而下命名为将军峡、天王峡、桃园峡、地缝峡、海螺峡。峡谷中蜿蜒曲折，溪水潺潺，奇峰峻岭，状物似人，惟妙惟肖。

潭獐峡风光

交通 出行宝典 TRANSPORTATION

区内交通

（1）游览公路：梨树—地宝，道路长度为19.7公里；

海螺口—地宝，道路长度为6.8公里；

谭家山—王二包，3.9公里。

（2）步游道、水上交通

步行道总长度为11.70公里。潭獐峡内的水上交通方式为分段式漂流，漂流从盗锣湾至海螺口全程共长6.1公里（其中含步行部分）。在洞子溪处有出峡的步游道。

MAP

潭獐峡风景名胜区导游图

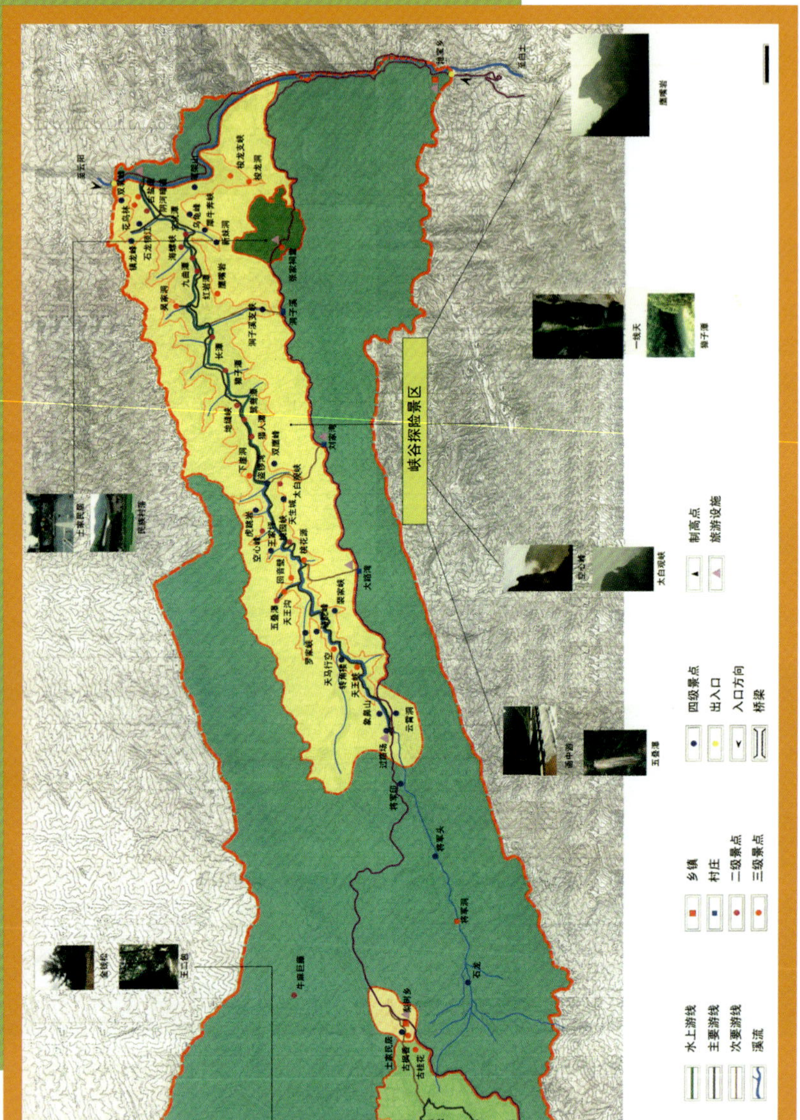

精品线路

一日游：梨树乡（车）—过路场（步行）—桃花源（步行）—盗锣湾（漂流、徒步）—海螺口（车）—地宝乡。万州 —（车2小时）—梨树乡—（车0.5小时）—过路场—（步3小时）—盗锣湾—（漂4～5小时）—海螺口—（车0.5小时）—地宝乡—（车3.5小时）—万州。

二日游：梨树乡（车）—谭家山（步行）—王二包（步行）—梨树乡或梨树乡（车）—谭家山（步行）—王二包（步行）—谭家山（车）—万州或梨树乡。梨树乡—（车1小时）—刘家湾—（步0.5小时）盗锣湾—（漂4～5小时）—海螺口—（车0.5小时）—地宝乡（住宿）或—（车1.5小时）—梨树乡（住宿）—谭家山—（步1.5小时）—王二包—（车1.5小时）—谭家山—（车1.75小时）—万州。

桃园峡

峡谷开阔，溪流潺潺，林木葱茏，农舍掩映，峭壁百丈，流云滴翠，宛若画屏，被文人墨客誉为“世外桃源”。峡中有空心峰、太白观峡、双鹰峰、狼牙峰、天生石城等奇峰绝壁令人称绝。

三叠瀑

一线天

潭獐峡风景名胜区主峡第4段地缝峡长7.5公里，大自然鬼斧神工切割出的“地缝”，深达300～500米，最窄处不足2米，其绝壁深涧“一线天”的隘谷景观令人惊叹！

阴河暗道

在潭獐峡风景名胜区海螺峡中有一条长80多米，由水流穿透岩石形成的阴河暗道。在此漂流，既可体验“舟在地窟行”的感觉，更可因岩隙射入几束变幻莫测的阳光而倍感神奇。

三叠瀑

位于天王峡南侧的灵泉支峡，左为骆驼奇峰，右为古寨遗址。一道清泉喷珠溅，层层叠瀑飞流下，好似天女散花。瀑布长期流水形成的钙化物布满苔藓。苍翠欲滴，如三只巨大的“佛爷掌”，绿茵其表，又如孤舟蓑笠，令人称绝。

幽峡通曲

峡内群山连绵，山峰突兀而伟岸，连山若波涛，奔走似朝东。一登凌绝顶，备觉豪气生。

王二包生态植物园

分布的树种有150多种，其中20多种是古冰川时期遗留的物种，还有渝东唯一的美国金钱松、西南独有的特大银叶桂和称为活化石的水杉，均属世界级的珍稀植物。这里有獐、鹿、金丝猴、九节狸、水獭等38种国家二级保护和省（市）级重点保护动物；还有上百种昆虫，据中科院动物研究所昆虫分类室副主任姚建教授在王二包考察后证实，有21种昆虫属国内首次发现，48种属国际新发现。

一线天

住宿 ACCOMMODATION

潭獐峡旅游开发有限公司

023-58638009

住宿接待标准：280～380元 标间（价格以实际为准）

4.歇凤山

歇凤山风景名胜区位于重庆市万州城郊西北郊铁峰山脉背斜中部的狭长地带，东临云阳，西倚开县，距万州城区20公里。2004年1月2日被重庆市人民政府批准命名为歇凤山市级风景名胜区。

歇凤山风景名胜区主要由歇凤岭景区、大垭口景区、贝壳山景区、凤凰山景区四部分组成。风景区山峰秀丽、峰峦起伏、曲折蜿蜒，森林覆盖率达85%，30余座秀丽山峰，海拔1319.2米的铁峰山主峰为万州第一峰。景区内有景点80多处，其中主要景点37处，最为著名的有：凤仪禅院遗址、铁佛寺、歇凤古道、罗汉峰、凤凰池、养儿窝、巨龟石、将军墓、吕洞宾浮雕、南天门、清代石刻、狮子石、望归崖、四十八槽川东游击队革命遗址等。

森林景观－千年银杏树、浪漫情人谷

森林景观－叠翠谷、不倒草、草木葱葱

天象景观—歇凤岭雪景、大垭口仙境

歇凤山风景名胜区导游图

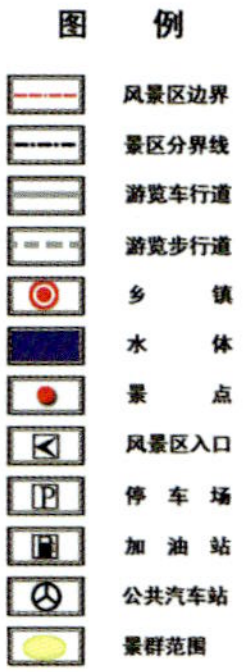

地貌景观—凤凰石、巍巍石公山

交通 出行宝典 TRANSPORTATION

区内交通

（1）游览公路：凤凰山—友谊场道路长度36公里。

贝壳山庄—桐槽湖一线开设电瓶车，道路长度2公里。

（2）游览步行道：各景区内部的主要景点之间形成环线。

精品线路

（1）一日游线路：主要安排风景区风景质量较好的歇凤岭景区和大垭口景区。

农业观光园—千峰耸翠—铁佛寺遗址—四十八槽—石公石母—周家营水库—凤仪禅院景群—剪刀峰景群—盆景一条街；

盆景一条街—剪刀峰景群—凤仪禅院景群—茶店寺遗址。

（2）全景区游线

两日游线路：盆景一条街—剪刀峰景群—水月庵遗址，夜宿贝壳山山庄；第二天游：贝壳山景群—凤凰山景群。

三日游线路：千峰耸翠—铁佛寺遗址—四十八槽—石公石母—周家营水库—凤仪禅院景群—茶店寺遗址—跑马场，夜宿大垭口宾馆处；第二天游：剪刀峰景群—水月庵遗址，夜宿大碑村；第三天游：贝壳山景群—凤凰山景群。

万州四季 SEASON

万州区境内属亚热带季风湿润带，气候四季分明，冬暖、多雾；夏热，多伏旱；春早，气温回升快而不稳定；秋长，阴雨绵绵。日照充足，雨量充沛，天气温和，无霜期长，霜雪稀少。境内多年平均气温17.7 ℃。

住宿 ACCOMMODATION

大垭口华顺·森林宾馆

023-58438888

住宿接待标准：380～580元 标间。（以实际价格为准）

万州美食推荐

杂酱面

万州烤鱼

羊肉格格

万州区素以美食闻名遐迩，其中尤以“万州烤鱼”、“杂酱面”和“羊肉格格”、“小桃园汤包”等为代表。

万州杂酱面　作为渝东地区的名特小吃，杂酱面从一开始到现在，多年来一直风行不衰，至今仍是人们喜爱的小吃之一。高手炒出的杂酱其味香远、其色鲜嫩诱人。使人闻其味、观其色，便能激发起人的食欲来。杂酱面的做法讲究，吃法也讲究。食客如说：干漏带红，即是说杂酱面不加汤，味要麻辣；如说：干漏带黄，就是表示面要煮硬点；如要吃带汤的则也要说明。

万州烤鱼　万州烤鱼汇聚重庆烧烤风味，吸收百家之长，融之为一，延续巴蜀文化的内涵，结合重庆火锅特色，香味浓郁，汤红色亮，辣而火爆，保健营养，深受广大消费者喜爱。

羊肉格格　这道菜是把新鲜的羊肉加入秘制的配料和各种辅料后放进极小的蒸笼在旺火上蒸，其香辣适口，回味悠长，醇和厚道，肉质鲜而不腻，嫩而不膻，多食不上火。

购物指南 SHOPPING GUIDE

“诗仙太白”、“谭木匠”木梳。

红池坝 风景名胜区

红池坝风景名胜区地处四川盆地东缘的大巴山南麓，重庆市巫溪县西部，长江一级支流大宁河上游。西与刘伯承故乡——开县接壤，北与城口县和巫溪县的高楼乡相连，东与巫溪县乡毗邻，南与巫溪县咸水乡、茶山乡、龙台乡连界，距巫溪县城84公里，紧连世界闻名的长江三峡风景名胜区，是著名历史文化名城西安的近邻。

红池坝古为湖泊，后因湖水潜流，形成东西长40公里，南北宽7公里的高山淤积平原，资源丰富，秀色宜人。区内气候条件独特，天象景观瑰丽，人文景点丰富，具有避暑度假休憩、冰雪游乐、审美怡情等多种功能。境内以山地草原风光为主体，山地草场延绵数十公里，浩瀚辽阔，五彩斑斓。夏日的红池坝，绿草如茵，姹紫嫣红，芳香馥郁，平均气温在17℃以下，气候宜人；秋天，红池坝云海苍茫，横无际涯，层林尽染，一派“天苍苍，野茫茫，风吹草低见牛羊”的草原风光；冬日，红池坝银装素裹，山舞银色，原驰蜡象，积雪时间长达80余天，天子城、银厂坪等景区的积雪厚度可达50～80厘米，可谓“南国第一雪原”。红池坝闻名中外的“绝世奇观”夏冰洞是中国十大奇洞之一，至今尚是未解之谜。每逢盛夏，洞中细水成冰，形成冰瀑、冰帘、冰柱、冰笋等姿态万千、琳琅满目的夏冰景观；而数九寒冬，洞内却水暖气腾，细流涓涓，宛如热洞。

红池坝自然景观壮阔秀丽，人文景观深邃幽古，被专家誉为“中国的新西兰”，是长江三峡及奉节—巫溪—巫山“金三角”黄金旅游线上的一颗璀璨的生态明珠。

管理机构：红池坝风景名胜区管理处

地址：重庆市巫溪县红池坝风景名胜区管理处

邮编：405803

电话：023-51723501

红池坝风光

交通 出行宝典 TRANSPORTATION

区外交通

红池坝风景名胜区对外交通较方便，风景区距县城80公里，距万州火车站、飞机场180公里，距奉节长江码头120公里。巫溪县城是风景名胜区的交通枢纽站，通过四通八达的公路和大宁河（小三峡）黄金水道，可与长江黄金旅游线上的6大旅游专用码头——巫山、奉节、云阳、忠县、丰都、西沱和两大枢纽码头——万州、涪陵联结；通过全水泥路面的公路，风景名胜区可与重庆市的开县、城口，陕西省的镇坪、安康，湖北省的竹溪相通。张家界、成都、宜昌、重庆至万州均已开通客机航线。万州、开县至红池坝的直升机航线也已开通。

区内交通

风景名胜区内有简易公路约30公里、旅游步道约15公里。

巫溪红池坝风景名胜区导游图 MAP

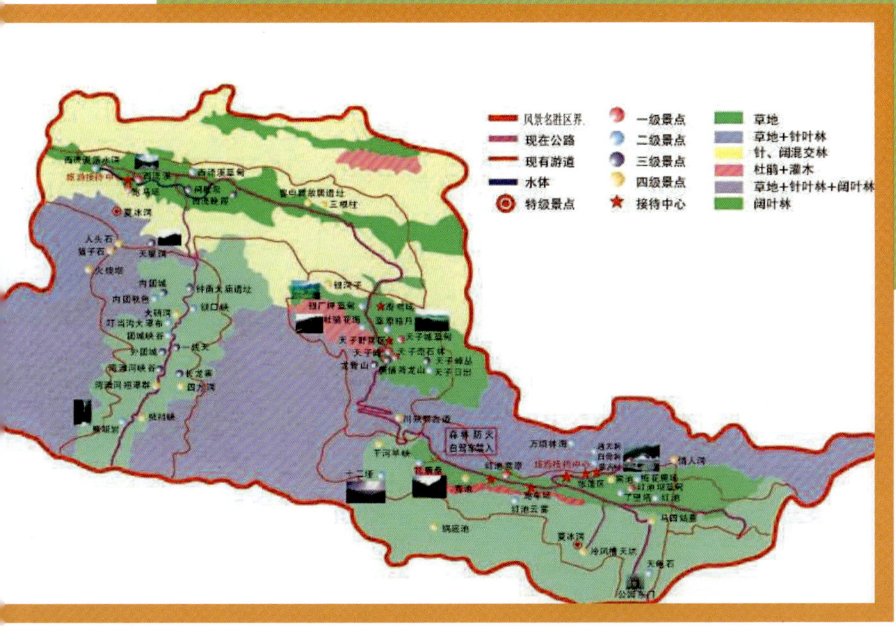

天子城

天子城景区位于风景区中部，包括天子城草原和银厂坪草原，面积1850平方米，以壮阔的高山草甸为特色。兼有艳丽的高山杜鹃、奇特的喀斯特地貌景观和神杏的历史传说。主要景点有天子城草甸、银厂坪草原、杜鹃花海、天子峰丛、天子小石林、春秋石、天子城传说、革命活动遗址、银洞子等11个。

银广坪

扎鹿盘

扎鹿盘为一面开口的锅圈岩窝，三面高100多米的绝壁，围成一个卵圆形的圈底。圈底长约300米，宽约50米，绿草如茵，展平如砥。开口一方宽20多米，犹如一道没有横木的巨门。不知何朝何代，人们在这个巨门的东侧，用片石垒了一道高约2米的小门，西侧仅存10米门墙。绝壁顶端草木茂盛，连接一方蓝天。崖壁上的岩石节理十分复杂，西半圈为横向倾斜的多角度变扭曲，东半圈为纵向页岩，而底部岩面则是比较规则的水平节理。

银洞子

位于天子城不远的银厂坪草原西头，有两个洞子，曾经是银矿的矿井。故名银洞子。洞前坝子上还有冶炼银锭的高炉遗迹。在银厂坪西边有条粉厂沟，沟内曾有为银矿加工的作坊。

银洞子

干河沟峡谷

位于扎鹿盘西北，长约520米，沟两岸岩崖耸立百米以上，森林茂密，植被极好，幽雅秀丽。

三根柱

在西流溪的发源地东面的山脚处，曾有三根略成方形的石柱，粗近1米，高约3米，成品字形排列，巍峨挺拔，气势不凡，现仅存两根，日夜相向而立，似乎在向世人倾诉着西流溪草原兴衰的故事。

红池

池面300平方米，略呈胃形。池水深约2米，终年不干不溢。水色微红，犹如一颗镶嵌在绿色草原上的红色宝石。

黑池

池面500平方米，圆形。池水深约3米，终年水位稳定。池水黑色，俨然草原上的一颗黑珍珠。

青池

池面200平方米，卵圆形。常年水深约1.5米。水色靛蓝，好似一颗蓝色猫眼。

夏冰洞

位于红池坝草原南边的冷风槽第三道垭口山坡之下。每当盛夏时节，洞外夏日高照，洞内是冰柱林立、寒气逼人。冰柱、冰瀑或紧贴洞壁，或高悬洞顶，或离地数寸，或直接洞底，或圆如银梁，或方似玉柱，或粗近1米，或细如针锥，千姿百态，琳琅满目；岩顶滴水不断，晶莹的水珠顺冰柱下滑，层层凝结为冰，犹如雕塑大师的巧手，在冰柱上塑造出盘龙绕柱、灵凤飞舞等图案；洞底也满是冰珠，油滑圆润，通体透亮，千奇百怪，栩栩如生。岩泉之水从冰柱尖端滴到地上，又凝成“冰乳石”，洞顶、洞底都有许许多多这样的小冰乳，夏冰洞简直就是“冰溶洞”。

直到9月底至10月初，冰才化完。每到隆冬时节，洞外天寒地冻，洞内却冰乳潜形，温暖如春。1992年5月，四川省旅游局长江旅游资源规划处和省地矿局的专家实地考察确认，该洞“秋冬冰融，盛夏结冰”，属国内首次发现。至于形成这一天然奇景的原因，至今尚无定论。

夏冰仙洞

在西流溪南侧山脊上，也有一个夏冰洞。这个洞入口较小，洞身很长，洞底最宽100多米，其景象比夏冰神洞更为壮观。

冷风槽天坑

位于夏冰神洞南面600米处。坑底海拔2009米，坑深100米，状如漏斗，面积10公顷。坑底溶水流入暗河，可闻哗哗水声。坑内有草无树，四周松林茂盛，是一个典型的岩溶漏斗。

锅底池

位于公园南面、杨家屋厂西侧。四周群峰环抱，彼此相连，形成深约200～300米，面积20公顷的锅形盆地，锅底一池碧水，常年不涸不溢，实为奇观。

西流溪落水洞

为西流溪河水流入地下暗河的进水口，又称消水孔。曾有英国洞穴协会专家考察，下探200多米，仍未到达洞底，有较高的探险、科考和开发价值。

白岩洞

位于白岩湾，海拔1740米，洞口扁狭，高约2米，洞深3000米。斜下入洞约10米，便是一个高10米、底宽15米的小厅；接着进入一个稍大的厅堂，有3个支洞从厅西、北延伸，时而上升，时而下走，时宽时窄，不断分岔，洞连厅，厅连洞，洞连洞，犹如迷宫一般。从洞底仰望，可见天空、树木，景象十分奇特。洞中有潺潺流水，随洞的走势，形成许多跌水短瀑。

特色观赏和体验 UNIQUE SCENERY & FESTIVALS

森林浩瀚，草甸壮阔

在红池坝357.8平方公里的土地上，孕育了气势恢宏的森林和草甸，给游人提供了森林寻幽、草原猎奇、避暑度假、返璞归真的广阔场所，是公园的主要景观资源。

景区内森林茂密繁盛，林草覆盖率达90%以上，景区内至今仍保留着大片天然次生林及其森林生态系统。这里人迹罕至，古木参天，藤灌互缠，蕴藏着许多当今世界上的稀有物种和飞禽走兽，是长江中下游地区难得的天然动植博物馆和物种基因库。不同树种和林木形态各异，青松翠竹，绿叶红花，芳草如茵，杜鹃吐艳，老树枯藤，秋叶如霞，构成了美丽的森林群落景观。

适宜的气候，茂密广袤的森林，众多的野果，为野生动物的栖息繁衍提供了良好的场所。置身林中，常见群鸟纷飞，猕猴嬉戏，獐跃鹿奔，鹰击长空，鱼翔浅底，熊醉溪旁，豹啸山涧，实为一处天然的野生动物乐园。

春醉红池

红池坝风景名胜区内有中山、亚高山草原113400公顷，是红池坝地区最有特色的生物景观资源。春天，漫山遍野换上绿装，万顷草原，绿浪接天，一望无垠。阳光散落在草原上，整个草原更像一块巨大的天然镶花地毯，蓝天白云下游走，和煦的春风轻轻吹拂着面孔，置身其间，令人心旷神怡。夏季，降雨丰富，日照充足，此时林草丰美、鸟语花香，演绎并勾勒出“天苍苍，野茫茫，风吹草低见牛羊”的古典幽静的具有塞外风情的生活画卷。秋天，是草原上最美的季节，也是收获的季节，8、9、10月份，天高气爽，秋风习习吹来，夹着草原雅洁的芬芳和泥土清新的

山地草场

气息，沁人心脾。羊儿肥了，牛儿壮了，马儿欢叫，牧歌悠扬；清澈的西流溪宛如洁白的哈达，温柔缠绵地依偎着延绵不断的山峦，恰似人间仙境，世外桃源。冬季，红池坝草原更为壮美，“北国风光，千里冰封，万里雪飘”，青松、白雪相互辉映，似琼楼玉宇，天上人间。

峻岭云迷，峰丛漫舞

红池坝风景名胜区内最高峰海拔2627.5米，景区内海拔超过2000米以上的山峰有50多座，因此山势极其雄伟，整个公园群峰漫舞，谷岭交错，峰峦重叠，延绵起伏，空间层次异常丰富。轮廓优美的山峦，像一首气势磅礴的诗，一幅波澜壮阔的画，更像一曲激昂奋进的乐章，似万马奔腾，构成了整个公园风景的骨架，由于溶蚀地质构造的作用，公园内处峰丛地貌特别奇特，大小孤峰在千个以上。景区内奇峰，有的似螺髻，有的似玉乳，有的似青龙入海，有的似乌龟下山，有的似金钟扑地，有的似雄狮啸天，有的似列兵布阵，有的似群星联聚会，千姿百态，美不胜收。

红池云海

山险谷幽，洞奇怪

景区内大多为中山台恒地貌类型，由于地质的长期外营力作用，园内断岩跌宕，大小溪河切割，在园内很多区域内形成山高谷深石怪洞奇的地貌，园内的大小牛毛浪、十二垭、团城等林区人迹罕至，有阆浓厚的原始野味，自然、古朴、幽静。特别是团城峡谷一带均匀高达数百米的悬崖峭壁，险峻无比，峡谷内风光旖旎，头上蓝天一线，脚底万丈深渊，谷底怪石嶙峋，水流激荡，浪花飞溅，长河似瀑，如雷鸣狮吼。古树蔽日，阴风惨惨，偶见猴跃绝壁，豹啸山漳，峰回路转，如临绝境，如履深渊，置身于内有空间无限与神秘莫测之感。

景区内岩溶地貌发育，洼地、槽谷、落水洞（消水洞）、暗河、干河、育谷、石林众多，其中以“夏冰洞”最为神奇。每当盛夏时节，洞外夏日高照，洞内是冰柱林立、寒气逼人；每到隆冬时节，洞外天寒地冻，洞内却冰乳潜形，温暖如春。

景区内奇石众多，或巨或微，或孤或群，或斜卧，或壁立，或块面刚劲或线条柔美，或赤裸或披绿，无不惟妙惟肖，多姿多彩，令人扼腕称绝。

水景丰富，天象瑰丽

如果说优美的山体构成了整个公园风景的骨架，那么多姿的水体则给景区注入了生命和活力。“山得水而活，水因山更幽。”多种多样的水景，构成了风景区的主脉；西流溪似玉带环绕，尽显阴柔之美，湾滩河奔腾咆哮，展现阳刚之气，红池、黑池、青池似三颗硕大的宝石，镶嵌在翡翠般的碧玉盘上，更有众多的瀑布、神秘的暗河、神奇的涌泉，成为风景区内最具有观赏价值的水体景观。

泊

景区特殊的地理位置、海拔高度、地质地貌和气候气象，造就了瑰丽的天象景观资源。天子山日出，西流溪晚霞，草甸皓月，红池云雾，苔原冰雪等均具有很高的观赏价值。

天子日出　在景区任一位置较高、视野开阔的地方，都可看到瑰丽的日出

冰雪交融

红池雾霭

景象。观赏日出的最佳位置是天子城草原东边，海拔2500.7米的天子峰顶。

西流晚霞　风景区内随处都可观赏到晚霞美景，最佳地点是西流溪边海拔2076.3米的庙子包。晚霜洒满草原，倒映溪中，天、地、人浑然一体，如诗如画，韵味无穷。

草原皓月　在晴日夜晚，草原上的天空特别高远、特别湛蓝，无论是如钩新月还是如团圆月，都特别明亮清晰。

红池云雾　风景区雨多雾盛，常常雨雾难分，雨就是雾，雾就是雨。春秋雨霁之晨，草原浓雾弥漫，三五步外人物难辨；但是如果你登上山顶，便会惊异地发现，浓雾云海之上便是丽日晴空，真是“半至目头半空雾，疑是无晴却有晴”。天高气爽之季，雨过天晴之

时，红池坝草原南北两侧的万顷山上奇观骤现——山麓、山顶没有一丝云雾，而山腰却有一个水平的、规则的雾带，人们把它叫做“腰带雾”。

草原冰雪　在风景区海拔1800米以上的中山草原上，10月中旬开始降雪，积雪时间3～4个月，最大积雪深度1米，一般也有50～70厘米。隆冬季节，雪凇、雾凇结满林木枝头，冰凌、冰挂举目皆是；冰瀑、冰柱改变了飞瀑、泉流的模样，西流溪水变成了天然滑冰场地。整个公园白皑皑、银灿灿，是长江中下游地区赏冰、玩雪的冬游胜地。

红池坝四季 SEASON

红池坝风景名胜区属亚热带暖湿季风气候区，属中山气候类型。春、秋风连连，常年无夏，冬季漫长（180天）。多年平均气温7.1℃，多年极端最高气温为29.5℃，极端最低气温为-25.8℃。春秋雨多，冬季最少。10月中旬初雪，年均降雪日数一般在50天以上，积雪时间为3～4个月，最大积雪深度1米左右，空气年均相对湿度大于82%。

住宿 ACCOMMODATION

风景区现已投入使用的有红池贵宾楼、红池迎宾楼、红池生态别墅区、红池蒙古包村、春申度假村、红池生态帐篷区、高档豪华房车等住宿服务设施。客房共计360间，床位650张，可同时接待1000人。

美食推荐 CUISINE

风景区内设有贵宾苑、迎宾苑、红池火锅楼、红池小吃、烤羊场等餐饮服务设施。

购物指南 SHOPPING GUIDE

巫溪特产：

中药材、香腊肉、蜂蜜西洋参、鹿茸。

黑石山—滚子坪 风景名胜区

黑石山—滚子坪风景名胜区位于重庆市江津区，由黑石山景区、滚子坪景区、大圆洞景区、塘河水系四大景区100余个景点组成。

黑石山—滚子坪风景名胜区是以山、水、林、瀑、洞为一体的自然风景区。在125平方公里的区域内，悬岩兀立，奇石争雄；14000亩水域使35挂瀑布、19泓湖泊、25条溪河常年流水潺潺、碧波荡漾；金钱豹、大小灵猫、毛冠鹿、猕猴等16种动物与桫椤、福建柏、银杏、鹅掌楸等1000余种植物朝夕相伴。千亩荔枝园果红叶绿，令人流连；建于1884年的塘河古镇素有“小重庆”之称；黑石三绝——540多座大小各异的黑石、800多株古樟树、5000多只白鹤令人叹为观止；而“聚奎三杰”——白屋诗人吴芳吉、史学家邓少琴、国画家张采芹更使黑石山名噪大江南北。

交通 出行宝典 TRANSPORTATION

区域交通

江津地处重庆西南长江要津，地跨长江两岸，东邻綦江、巴南，西接永川，南连四川合江、贵州习水，北与璧山县九龙坡区相邻，长江流经境内，成渝、川黔铁路环绕市境，是川南、黔北通往重庆的必经之地，重庆西南方向的交通总口。现有6条国家级通道与江津结缘；长江过境127公里，拥有5个国家级深水港，境内通航里程长达305公里；成渝、渝黔铁路过境15站；公路210国道过境53公里，成渝、渝黔高速公路均为江津开有路门。小南海——珞璜长江铁路大桥和江津长江公路大桥横跨大江南北。斜贯市域的渝滇快速通道现已列入重庆市米字型八大快速通道规划。

黑石山

位于江津区白沙镇南郊约3公里处。平畴之中，一峰崛起，满山碧翠，犹如一个巨大的绿球。奇特的黑石头满山皆是，成千的鹭鸶千姿百态；美丽的传说千古吟诵。碧水绿树相衬，风景人文和谐。

黑石山风景区环境优美，文化底蕴厚重。景区占地面积500亩，绿色植物覆盖面达90%以上，融自然风景和人文景观为一体。景区内有上千株松柏樟楠，高耸参天，其中国家一级保护树16株，二级保护树40株，有300多年的红山茶，有四人才能合抱的“香樟

饮水思源

一夫当关

王”，有500多年历史的罗汉松；名花异卉遍布。

这里树多树也大，小小的山头上耸立的参天古树就有190多棵。每逢仲春，森森古木皆撑开一把把青绿色的大伞，将天空遮盖得严严实实。树下遍植的竹丛喜作春之游戏，用依依柔枝串起晶莹剔透的露珠，晶亮晶亮的。蜿蜒曲折的山路上铺着青石板，两旁鲜花盛开、芳草萋萋，爬到路上的枝枝蔓蔓不耐寂寞，染游人一脚一裤的清香。

为这幅水墨画“点睛”的，则是栖息在这片青黑和青绿之间的上万只白鹭。在黑石密林中，池桥亭榭旁，栖息的各种鹭鸶姿态优雅，散居树枝上、翱翔天宇中，鸣声悠扬，舞姿翩跹，与黄鹂、喜鹊、杜鹃、猫头鹰等禽鸟嬉戏林间，行吟池畔，是黑石山盛名远扬的一道不可或缺的风景线。

黑石山的石头独特且极具神秘色彩。山上有浑圆沉厚的黑石百余座，突兀错落，形态各异，就像是若干万年前这里下了一场陨石雨，遍布浑圆的黑色巨石。校舍、花坞、亭台、楼阁无不依山傍石、见缝插针，或建在石隙里，或立在石头上，或凿石为基，或以石为墙，浑然一体。石头上长满了苔藓，年复一年，就呈现出一种玄机未了的青黑色。一石一状，一石一形，有的相吻，有的对望，有的俯地，有的悬崖，每一块巨石都有一个形象的名字，如阴阳石、青蛙石、牛背石、“一夫当关”等等，再加之与聚奎有关的名人，如陈独秀、于右任、郭沫若、周光召（曾在这求学）等的墨宝镌刻，这些巨石便添了灵动之气。顽石点头、饮水思源、九曲清池等构成黑石山盛名远扬的一道不可缺少的风景线。

九曲池

风景区内的聚奎书院，为中国五十大书院之一，是川渝两地仅存且保留最完好的清代书院，造型文朴典雅。鹤年堂始建于1927年，由曾留学日本的聚奎教师设计，内部结构按仿日引进的罗马歌剧院式设计，造型独特：正面下层为舞台，上层为乐台，其余三面楼上是楼厢，为贵宾席，当时号称川东学校第一大礼堂。2009年8月起，设为江津文化品牌“聚奎大讲堂”，时有名人、专家讲演。

石柱楼，位于书院与川主庙之间，建于1910年。该楼以鱼鳅石作基础，采其石为柱建成，全楼共31根柱全为整石柱。2005年，因木质大梁遭白蚁蛀蚀，屋顶垮塌，只得拆除后原样重修，改为砖混结构，石柱改为砖柱，仅存阶廊上两根石柱为原貌。这是一座仿日本式建筑，是当时最新式的教学大楼，被称为“石柱洋楼”。

书院大门

川主庙是黑石山上最古老的建筑，始建于明代（具体年月无可考），坐落在黑石山顶最大的黑石上。最初为祭祀传说中的驱石填海、治理水患的李冰二郎而建，庙内原有神像，黑石山办学时毁去。

滚子坪

滚子坪以南北走向横亘于塘河古镇东部边境，面积约25平方公里，四周均为悬崖峭壁，最高海拔916米。她集山、水、林、洞、瀑为一体，融雄、秀、幽、险、奇于一坪，气候凉爽，风光绮丽，为名家学者和游人青睐。这里林海千层碧，湖光摇山影，飞瀑从天落，水帘挂洞门，是重庆市的一颗绿色明珠，一个理想的旅游避暑胜地。

滚子坪风景区流霞飞瀑令人心醉神迷。分布在区内的16挂瀑布终年流水不断，四时水声不绝。这些瀑布大都内隐岩洞，形成别具一格的水帘洞天。区内主要瀑布有倒流水、九重天、水口庙等瀑布。

倒流水瀑布位于滚子坪北部，垂直落差108米，加上第二级高达126米。有气贯长虹之势，声振蓝天之威，岩风吹来，层层水雾随风上飘，形成壮美的倒流水奇观。瀑布内掩隐着上、中、下三层岩洞，洞内面积最大的达840平方米。入洞观景，青山隐隐，绿水悠悠，那情势，那感受，犹如进入了花果山的水帘洞。

云遮雾绕滚子坪

九重天瀑布上接珍珠滩，下接狮子岩，逶迤飘洒上百米，然后像九天仙女舞弄白练飘然而下。

风景区内丰富的水力资源形成一个个高峡平湖。其中以鸳鸯湖、太平湖风景最为幽雅秀美。鸳鸯湖水质清冽，湖光碧翠。湖上，水垂银岛，鸟入画屏。湖畔晨曦处露，层林尽染，林间湖上丹霞一片，由于两湖依依，密不可分，人们笑称“鸳鸯湖”。太平湖水面平直，港湾静美，四面青山环抱，草木葱茏。白雾卷来，飘飘缭缭，婀娜多姿，流霞回照，重山倒影，水色潋滟。荡舟湖上，峰回水转，景随船移，是谈情说爱，划舟赏景，撒网钓鱼，龙舟竞渡的美好场地。

风景区危岩兀立，奇石争雄。白虎石、蛤蟆石、老鹰石、狮子岩、胖宫石、老夫少妻恩爱石等造型逼真、巧夺天工。最诱人的是羊古山的九牛石。九尊石头四大五小，其色黝黑如牛背，其状丰润似牛形。大者双双挨肩而卧，密不可分，似两对恩恩爱爱的夫妻；小的在一旁追逐嬉闹，欢乐至极。

倒流水瀑布

天台瑶池

九龙溪

九龙溪，因其溪旁有九龙洞而得名。其中水口庙至狮子岩长1755米，底面全是石滩，共九层，人称九龙滩，滩上常有大小不等的圆洞，水注其中永不满足，奇特可爱。涓涓碧水，由西向东从滩上缓缓流过，途经中段，滩底突然断裂，流水无踪无影，经50米又突然从蓬草中流出，堪称一绝。探其究竟，终不得其解。溪上有水口庙、望龙、姐妹、九重天、狮子岩、先锋岩、烧香岩等九挂瀑布。这些瀑布时而俊俏潇洒，跌落深潭，时而娇媚地舒展体躯，激起千万清澈晶莹珍珠般的浪花，美妙无穷。溪畔有白云寺、九龙洞、夫妻松、烧香古庙。这里是趟水嬉歌、摸鱼沐浴、摄影留念、游览观景佳地。

位于鸳鸯湖南面750米处的一线天，两壁削立，距不过仞，高约10丈，狭长幽深。入内仰望天缝一线，白云悠悠，藤草摇动。出外，可俯坪下田园阡陌，暮日血阳。清晨或雨后初霁，可睹千里云海胜景。一线天出口处是万丈悬崖，深不可测，沿峭壁向两边延伸，为古人躲避战乱而寄居的洞穴，至今尚存残墙栈道遗迹。

红岩硐

红岩硐寨群位于滚子坪西面丹岩绝壁上，由保全寨、永安硐寨、保长春寨等十几处硐寨组成，寨与寨之间由木或石栈道相连。寨门上均刻有寨名，有的还刻有建造年代，寨墙用大青石砌成，攻防设备齐全，石桌、石椅、石缸、石磨等生活设施保存完好。

滚子坪竹类繁多茂盛，素有“川东竹海”之称。茫茫翠竹，连绵五里。楠竹，水竹、花竹、黑竹、棕竹、罗汉竹……千姿百态，步入林中，迷不思归。

巍巍保全寨

特色观赏和体验 UNIQUE SCENERY & FESTIVALS

滚子坪景区西部边缘面积6000亩的溪谷间成片生长着一万余株大大小小的桫椤树，其中主干1米以上的就达2000多株。数量如此之多，生长如此旺盛，实为罕见的一大奇迹。

桫椤园贯穿着终年流水不断的溪流，时而潺潺流淌，如一首舒缓的音乐；时而跌宕奔泻，如脱缰的野马，遇到几处断崖，便形成迷人的溪瀑。其中恐龙瀑最迷人，宽6米，高30米的瀑布跌落坛子口形的断崖，溅起阵阵水雾，在阳光照射下，呈现道道彩色光环。瀑边桫椤生长茂密，潭中恐龙被迷人的美景和丰盛的食物所陶醉，惬意地侧身醉卧瀑潭间，不知经过多少年，以至化作了这块恐龙石。

桫椤，又名树蕨，是2亿年前地球上古老的孑遗植物，中生代曾与恐龙同生共荣，成为远古时代地球生物的主要标志，现已濒临灭绝，被视为珍宝，国家列为一级珍稀保护植物。

滚子坪原始桫椤群落

美食推荐 CUISINE

江津肉片、江津冰糖芋儿泥、江津冰糖藕丸、江津绿豆团、江津夜露霜、江津灿香鸡、江津地雷鸭子、江津酸菜鱼(邹鱼)。

购物指南 SHOPPING GUIDE

江津广柑

以锦橙为代表，圆润鲜泽，果味醇浓，酸甜适度。

江津白酒

以“几江”牌为代表，醇厚甘洌，年产数万吨，畅销全国，被誉为江津茅台。

江津花生

果仁饱满，酥脆香甜，著名的江津“天府花生”在东南亚、北美、西欧和澳大利亚享有良好声誉。

江津米花糖

源起太和斋，香脆化渣，以“玫瑰”牌和“荷花”牌为代表。

江津“顺发麻糖”

与著名的湖北孝感麻糖齐名，合称中国麻糖姐妹花。

江津“四面碧芽”、“骆崃迎春”、“峡山云雾”

富硒名茶清香鲜醇、汤色绿亮，深受游客欢迎。

百里竹海 风景名胜区

百里竹海市级风景名胜区位于重庆市梁平县西北部，地跨重庆市重点中心城镇——屏锦镇等三个镇，距县城36公里，318国道横贯其间，与渝万高速公路擦肩而过，离重庆、万州车程分别为90分钟和30分钟。

百里竹海集竹林，山水、人文于一体，融“雄、奇、险、秀、幽、绝”于一身，有14万亩的成片竹林，竹类品种37个，面积119平方公里，为巴渝第一大竹海，被誉为“竹类博物馆”。景区内有明月湖、百竹园、观音洞、农村中小学生素质教育基地、天星塘、竹丰天池、小峨眉山、猫儿寨革命老区、狐狸嘴等50余个景点。李光华、王维舟、旷继勋、蔡奎等曾带领四川工农红军第一路军、第三路游击队在百里竹海进行过游击战斗和党的地下活动，景区竹林茂密、峰峦多姿、山形奇瑰，湖中野鸭飞舞、绿竹倒影、景象万千、风光迷人。自然景观与“竹文化”和人文景观相结合，密布于百里槽，形成天人合一、刚柔相济的“桃花源”风光。

百里竹海市级风景名胜区地处我国西部自然人文过渡带，长江中上游经济旅游带、川渝黔滇风景密集区类型境域互补区和岩溶发育中程区。与宜宾“蜀南竹海风景名胜区”、南川“金佛山风景名胜区”一道成为我国西部三个重要的以“竹”文化为特色的风景名胜区，并以其竹海绵延百里的规模，两山夹一槽的独特地形，山、水、林、洞、瀑、石齐全的景观资源而极具开发潜力。

百里竹海全貌

管理机构：梁平县公园和风景名胜区管理处

地址：重庆市梁平县梁山路380号

邮编：405200

值班电话：023–53233697

交通 出行宝典 TRANSPORTATION

区外交通

梁平县位于重庆东北部，是连接四川盆地与湖北等华中地区的陆上交通咽喉，因此县域地理优势、交通优势独特——不仅有始建于抗日战争时期的军民两用机场；有始建于1928年，东西纵贯县境110公里的上海至西藏国道318线；还有达万铁路和渝万高速公路紧邻县城通过。从县城出发，行程约30多公里后进入竹海。

竹径

区内交通

景区内有建有游步道通往各个景点。

百里竹海风景名胜区导游图 MAP

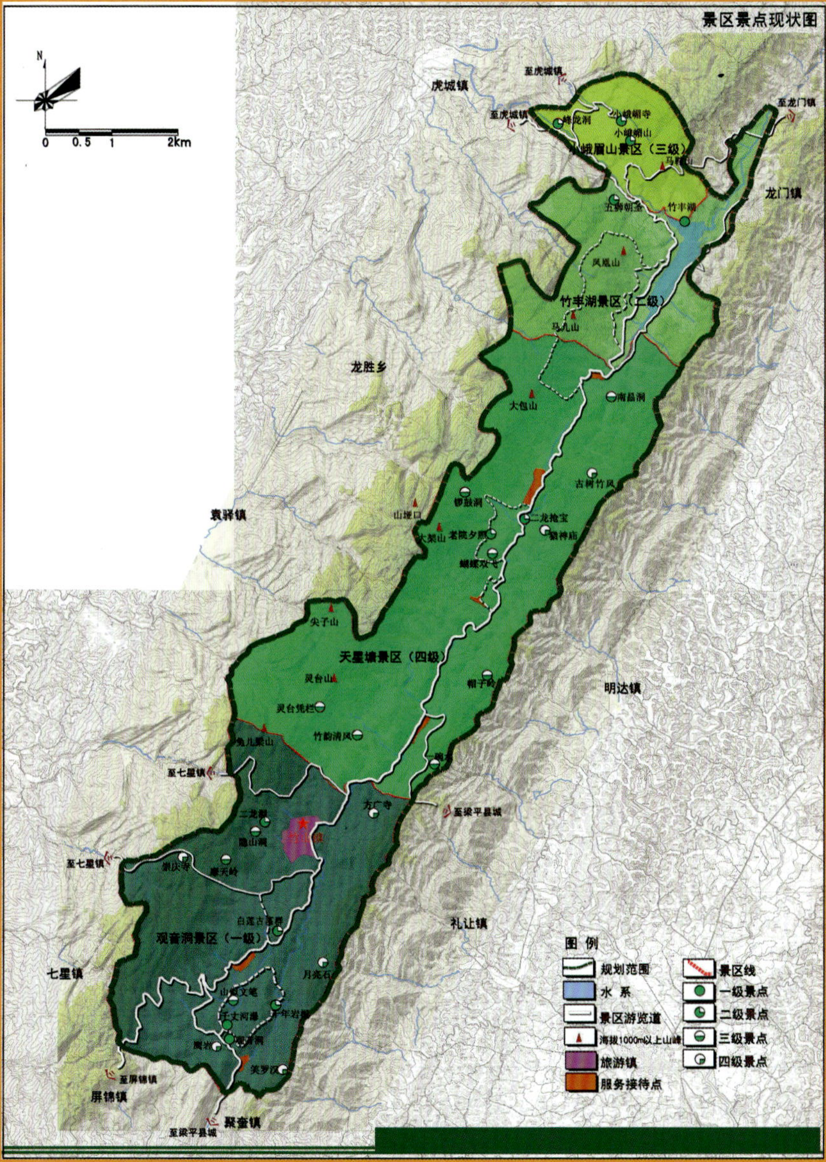

明月湖

是进入百里竹海的第一个景区。湖西的高峰是狐狸嘴，群峰倒映在清澈的湖水中，湖心是一座纺锤形的小岛，岛上亭台楼阁，鸟鸣林幽，四季清风徐徐，水波不惊，是休养身心的好去处。

湖面泛舟

黑龙潭峡谷

黑龙潭峡谷曲径通幽，林秀风清，这里生长的苦竹俊秀疏展，亭亭玉立，像纤秀婀娜的少女。苦竹有驱蚊的效果，夏季时节，苦竹丛内没有蚊虫侵扰。

峡谷内的黑龙潭四面削壁环立，人如蛰井底，正对一泓十余丈长的瀑布挂在石壁上，瀑布之下是一池深潭。夏天雨季过后，瀑布从天而泻，震耳欲聋，雾花飞溅，沁人心脾。

古墓群

在这方圆不到两公顷的山林里，成排成列地埋藏着586座坟墓。竹海里的村民叫这是大棺山。200年前，清代中叶爆发了著名的白莲教起义，梁平地区是白莲教战争的中心区域，大棺山古墓群就是白莲教起义第2年冬月间，义军首领王三槐的队伍从长寿、垫江、梁平返回百里竹海，争夺赛白兔关隘时战死的将士。

观音洞

观音洞

观音洞是一个香火旺盛的小佛庙。洞并不是真正的洞，而是那悬于陡峭石壁之上的一个天然凹陷，精巧的小庙就建在约10平方米的天然凹壁里，与整座山峦融为一体。

洞里有一股涓涓细流，甘淡清甜，无论怎样干旱都四季不会干枯。

竹丰湖

“重庆之水，倒流三千八百里”的说法即源于这道分水岭。岭北的水注入竹丰湖，向西流经达县注入渠江、嘉陵江，最后在重庆汇入长江，绕来绕去就绕了3800里。而岭南是龙溪河水系，龙溪河的一级支流明月河就发源于岭南。

竹丰湖是重庆市“九五”期间17座重点水利工程之一，总库容1248万方，它与明月湖是梁平县仅有的两座中型水库。

令人着迷的是，其水力发电的方式乃全国独特：在群峰环抱的高山上建一座蓄水库，凿穿山岭引一条放水隧洞，山下建一座反调节水库和电站，水流从高山泻下推动发电机组发电。这种发电方式在全国都是独一无二的。

竹丰天池

特色观赏和体验 UNIQUE SCENERY & FESTIVALS

百里竹海：百里竹海，群山叠翠，成片竹林，18万亩连成片的竹林，翠竹翻浪，蔚为壮观。这片西南地区面积最大的天然竹海拥有白夹竹、寿竹、楠竹、斑竹、慈竹、水竹、刺竹、金竹、箭竹、苦竹、桐竹、棕竹、芦竹、方竹、丝竹、罗汉竹、凤尾竹等30多种竹资源，还有绿竿花黔竹、黑水竹等珍稀竹种。

竹海吊脚楼：是民居的一大特色，浓缩着明末清初“湖广填四川”的历史。竹海两山夹槽。倚山而居的湖广老祖宗们，选择阳光较充足的山腰低部建房。因为沟深坡陡，狭窄的地基勉强能修建正屋，于是只能左右两厢向外建造吊脚楼（厢房、横屋），呈三合院式。一排木柱从坡坎上撑起一间四四方方的木楼，一条木走廊与正屋相通，楼上住人，楼下也绝无浪费，用来堆物或圈养禽畜。因为倚山而建的缘故，竹海院落绝无天井、四合院和风火墙。这是与其他古民居的不同之处。柱、梁、挑、门以及房屋正面和堂屋四周的墙壁全都选用上等柏木做成，椽、檩、楼板皆用松木，其余墙壁就用竹篾块牢牢实实夹成，糊上白生生的石灰。

竹翠

沿穿村而过的公路线西望，林家大院、古家大院、傅家湾、陈家大院、王家院、唐家院、张家大院、陈家老院，一个接一个院落层层叠叠倚山而建，坐西朝东，煞是美观。一排正屋，两侧吊脚楼构成的横屋、厢房，与地形、树木、采光自然谐调，跟古代择地而居的观念协和一致。

百里竹海四季 SEASON

景区气候属暖湿亚热带气候，年平均降雨量约1200～1400毫米，多集中在5～9月，年平均气温约18℃，林区内湿度较大，冬暖夏凉。空气湿润，含有大量负氧离子。全年光照适中、热量丰富，冬季有十多天的积雪，无霜期达300天以上。

美食推荐 CUISINE

农家腊肉、鼎罐饭等。

购物指南 SHOPPING GUIDE

千百年来，广阔肥沃的梁平坝子滋育了先进的农耕文明，浇灌出底蕴深厚的富有特色的地方文化——梁平竹帘、梁平年画和梁平灯戏并称“梁平三绝”，是驰誉巴渝的十大民间文化艺术之一。另外还有竹笋、张鸭子、梁平柚等。

统景 风景名胜区

统景风景名胜区位于重庆市渝北区统景镇西北1公里处，在长江北岸御临河支流温塘河的两岸，距重庆市中心解放碑60公里，东距长寿55公里，南距重庆江北国际机场约30公里，西临北碚区，北邻四川广安邻水。

统景风景名胜区成立于1982年4月，1989年被四川省政府命名为省级风景名胜区，重庆直辖后于1999年被重庆市命名市级风景名胜区。景区规划面积14.5平方公里，统揽山、水、林、泉、峡、洞、瀑、天池、小岛、古寨、鹰舞、猿啼诸景，以“统景峡猿”居古“巴渝十二景”之首，历代文人墨客盛赞为“武陵仙境”。统景文化底蕴深厚，在古代已享有盛誉，风景中的峡、泉多，自古成为川东一带的名胜。

清乾隆年间王尔鉴所著的《巴县志》记载：“从统景行二里许至峡口，两岸攒所，潺潺溪水从峡出。登小舟溯流而入，曲折宛转，忽明忽暗，两壁峭削，窥天一线，溪边棕竹森蔚，两岸古水虬蟠，瞥见溪波跳涌，疑有水怪出没，谛视之，乃洞猿挂树之倒影也。”“峡内泉二，一在水湄，水涨则淹，一在溪岸。两泉水俱温，春浴更可疗疾。”道光年宋煊所著《江北厅志》称，统景峡“两岸悬崖陡壁，高峻凌云。峡口有温泉三，一在溪岸，二在帻中。近峡两岸茂竹密菁，处处猿啼，风景绝佳。仰视天际，仅一线可通，比之武陵仙境不为过尔。”许多名人高士感叹：“桶井多奇胜，寻源景不穷。好山偏窈窕，曲径更葱茏。”“石壁缝开天一线，清波影照月双钩。青猿跃树轻还疾，古木参天翠欲流。”直至新中国成立初期，峡口左岸还有碑刻赞咏：“虎背羊肠一样瞿塘天下险，马蹄鸿爪联翩魏阙贵人来”。

相传明代建文帝曾避难于此，伴僧侣泡汤，数月而去，留下许多动人传奇和历史遗

统景小三峡

迹。御临河、龙安、皇印、印盒等地因此而得名。

1998年、2000年两次被评为“重庆市十佳风景区”。2005年9月“中国统景泉世界”被亚太旅游协会、国家旅游局等权威机构评定为“中国最佳温泉度假胜地”，2006年荣评国家级AAAA景区，2008年评为重庆“巴渝新十二景”、“中国十佳休闲旅游景区”，2009年评为“2009年中国旅游品牌最佳温泉养生度假景区”。

管理机构：重庆市统景风景名胜区管理委员会

地址：重庆市渝北区统景镇景泉路66号

邮政编码：401142

联系电话：023-67288564

传真：023-67288564

网址：www.cqtj.cn

www.cqtj.com

交通 出行宝典 TRANSPORTATION

（一）区外交通

重庆是中国西南地区的综合交通枢纽，交通优势明显。统景风景名胜区地处重庆的北大门、国际航空港江北机场、西南最大的龙头寺火车站、中国最大的内河深水码头——寸滩国际集装箱港等所在地——渝北区境内。

统景旅游交通便捷。新草统旅游专线公路距机场约30公里，只需20多分钟车程。距火车北站约45公里、距寸滩码头约40公里、到四川广安邓小平故居不足100公里，这使

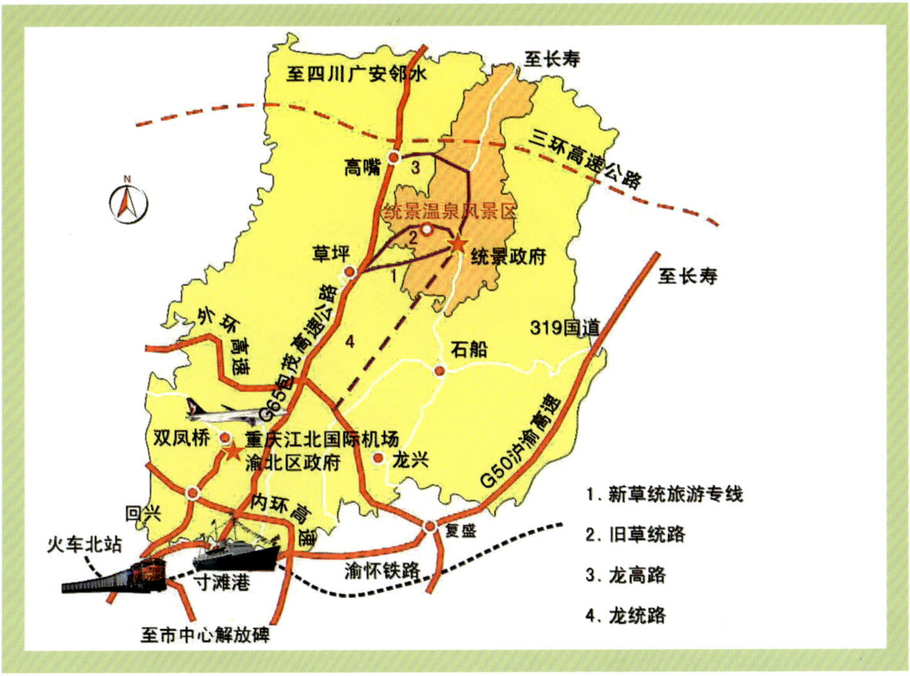

统景不但与重庆都市旅游有效衔接，而且与广安邓小平故居、邻水华蓥山等红色景区形成黄金旅游线。待建的连接重庆主城二环高速的龙（兴）统（景）路距重庆市中心60公里，车程45分钟，正在规划的重庆主城三环贯通统景镇，以后的统景四通八达，公交客运密集，逐渐形成渝北重要的交通换乘枢纽。

（1）重庆至统景风景名胜区的行车路线及车次

旅游巴士：重庆汽车北站—渝北两路—石船镇—统景镇

发车时间：上午7：00—下午6：00，每30分钟一班。票价：18元／人

023-67634355

（2）自驾车游路线

重庆（广安）—渝邻高速—草坪—统景风景名胜区

重庆—渝长高速—复盛—石船—统景风景名胜区

重庆—江北机场—草坪—统景风景名胜区

重庆（长寿）—渝长高速—洛碛—张关—石船—统景风景名胜区

※特别提示：

景区周边加油站：统景镇中石油加油站

（二）区内交通

（1）峡谷溶洞游览观光船

时间：每天上午8:30—下午5:30

票价：50元／人

023-67288492

（2）中国统景泉世界电瓶车

时间：每天上午8：30—晚上24：00

票价：区内车免费

023-67288666

统景风景名胜区导游图

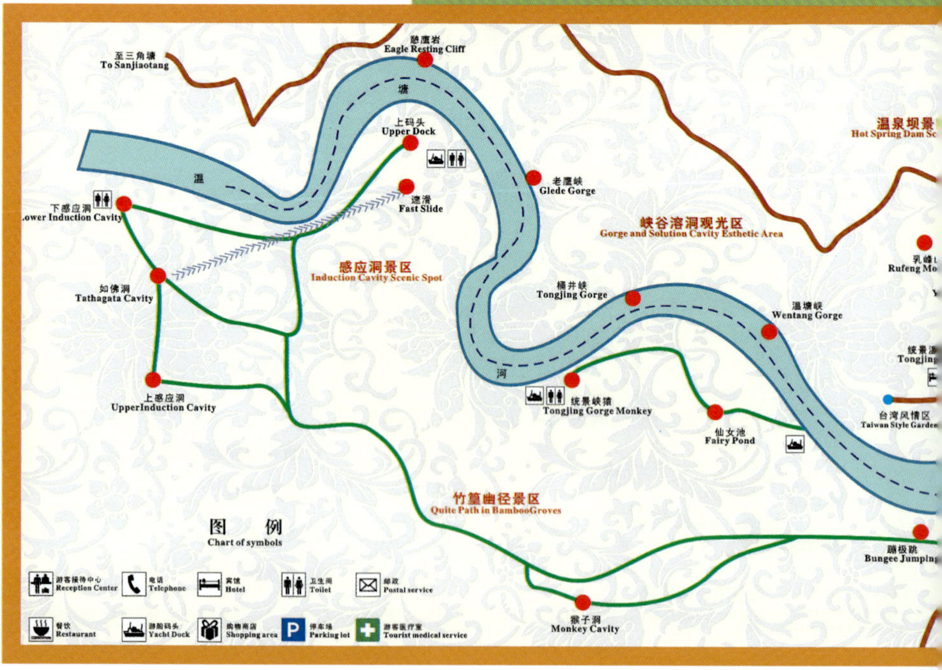

旅游服务 TRAVEL SERVICE

游客中心

（1）景区游人中心：提供景区温泉、自然观光、餐饮住宿咨询及景区宣传资料等服务。

游客投诉 023–67288564

023–67344166

（2）泉世界游人中心：提供温泉、餐饮住宿咨询、医疗救助、媒体查询及景区宣传资料等服务。

游客投诉 023–67288666

023–67344111

（3）游船游人中心：提供景区自然观光（峡谷、溶洞、竹篁幽静等景区）咨询、媒体查询及景区宣传资料等服务。

游客投诉 023–67288364

（4）客人诉求

景区咨询

023–67288564（景区管委会）

023–67288666（统景泉世界）

023–67288999（统景温泉度假村）

023–67288364（统景温泉城）

景区投诉

023–67288564（景区管委会）

023–67288043（统景温泉度假村）

023–67344111（统景泉世界）

023–67288364（统景温泉城）

景区求救

023–67288564（景区管委会）

精品线路 a

泉世界游人中心—泉世界—游船游人中心—统景峡猿景点—上感应景区（溶洞）—统景峡猿景点—游船游人中心—泉世界游人中心

精品线路 b

游船游人中心—统景峡猿景点—上感应景区（溶洞）—统景峡猿景点—游船游人中心—泉世界游人中心—泉世界

一日游线路：

统景峡猿景点—感应洞景区—温泉坝景区（泉世界）

二日游线路：

D1温泉坝景区（泉世界）

D2峡谷溶洞观光区—上感应景区（溶洞）—竹篁幽静景区

中国统景泉世界

统景天然温泉水pH值中性，水质硫酸钙型，属含偏硼酸、偏硅酸的氟、锶医疗低温热矿水，是优质的医疗和沐浴天然温泉用水。富含偏硼酸、偏硅酸、硫化氢、氟、锶等多种医疗组分，对皮肤病、运动系统、神经系统、心血管系统、新陈代谢与内分泌系统疾病有辅助的医疗保健效果，其中尤以皮肤病、运动系统疾病疗效较为显著。

统景温泉

统景峡猿

天池绿波

溶洞

统景峡猿景点—上感应景区（溶洞）—竹篁幽径（万亩竹海）

统景“小三峡”由温塘峡、桶井峡、老鹰峡组成。十里温塘河，九曲十八湾。峭壁青崖倚天而立，两岸翠竹铺天盖岭，峡内山重水复，四壁环合若桶，猿群呼云啸月，老鹰百十盘旋。

景区溶洞云集，有猴子洞、杨家洞、下感应洞、如佛洞等，钟乳瑰丽多姿，犹如梦幻迷宫。

步入景区，拾阶而上，还可踏竹篁幽径、攀金银塔山、听松涛阵阵，赏双塔迎晖、观乳峰凝翠、寻古寨卧云、瞰天池绿波，统览人生风景，享受健康快乐！

特色观赏和体验 UNIQUE SCENERY & FESTIVALS

统景温泉：统景温泉属氟、锶、硫酸钙型医疗矿水，有着神奇的医疗效果。因其流量大、类型多、水温高、水质优、疗效好，被人冠之“统景温泉甲天下”的美称。景区不但有泉眼25处，温度42～62℃，日涌量达1.8万立方米的天然温泉；还有温度16～20℃，日涌量达2万立方米的天然冷泉。在国家AAAA级旅游景区中拥有全国最大最集中的自然温泉群。现已建成的中国统景泉世界，是国内最大的露天生态温泉浴场。

统景温泉

统景四季 SEASON

统景冬暖春早、秋短夏长、初夏多雨，无霜期长、湿度大、风力小、云雾多、日照少。常年平均气温17.3℃。

统景夏日

美食推荐 CUISINE

特色佳肴：温泉鸡 温泉野鱼 翠云水煮 统景豆花 统景老腊肉

特色水果：统景梨橙 印盒歪嘴李 黄印蜜桃

住宿 ACCOMMODATION

宾馆：

常青藤豪华温泉别墅

023-67288666

重庆统景温泉度假村

023-67288999

海螺宾馆

023-67288211

星级农家：

御景楼

023-6728899

福源客栈

023-67288998

松川农家乐

023-67288888

张关—白岩 风景名胜区

重庆张关白岩风景名胜区位于重庆市东北部，319国道（渝宜段）旁，距市区52公里，距渝长高速公路洛碛出口仅8公里。

这里群峰延绵叠翠，幽雅安详，是亿万年沧海桑田形成的天然地质博物馆。现由重庆同聚福集团公司分期投资7000余万元开发，系“国家AAA级旅游区、重庆市十佳景区、重庆市市级风景名胜区”。景区占地50平方公里，分为御临洞、泫恋洞、张家洞、云霞岭、老君山、白岩茶山六大浏览区，拥有亚洲最长的地下长河——目前已开发了全长为6公里的水溶洞。张关水溶洞以“水”为胜，它是重庆市郊最近、最大的溶洞，在经过漫长的地质运动之后形成了层层叠叠的四层溶洞。现已开发的这段溶洞是其中最为壮观的一层。最令人拍案叫绝的是洞内那亦真亦幻的水中倒影、旷世绝伦的地下三重飞瀑、梦幻神游的银河荡舟，还有那堪称生物界一大奇迹的是“地衣类植物、蕨类植物、苔藓植物在暗无天日的溶洞里竞长”。洞内空气清新，冬暖夏凉，常年恒温在18℃左右，清澈透明的地下河水终年不断，此乃地腹深处的“天然大氧吧”。据中科院植物学家、洞穴专家考证，张关水溶洞洞内空气含氧量极高，土壤、空气温度、湿度等对植物的生长提供了良好的条件。就目前发现的几十种洞穴植物的种类和数量看，张关水溶洞不愧为“天然洞穴植物博物馆”。

管理机构：重庆张关白岩风景名胜区管委会

地址：重庆市渝北区城乡建设委员会

邮编：400020

电话：023-67383215

023-67383555

传真：023-67383333

网址：http://www.cqzgly.com

张关水溶洞——金龟托塔

张关—白岩风景名胜区导游图

MAP

交通 出行宝典 TRANSPORTATION

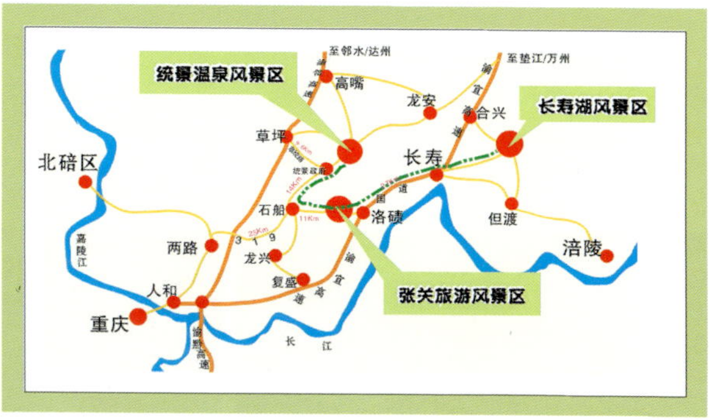

区域交通图

（一）区外交通

（1）旅游班车、班次

朝天门汽车总站（C区）：朝天门—洛碛—张关白岩景区（40分钟～60分钟一班）

（2）自驾车线路

市区—渝长高速公路—洛碛出口—张关白岩景区

市区—江北机场—319国道—石船—张关白岩景区

（二）区内交通

（1）因游程需要，景区向游客提供免费观光车和游船，往返于御临洞至张家洞。

（2）张关白岩风景区地处明月山斜背槽谷地带，地势平坦开阔，区内无栈道、游步道。自行车道80%以上均硬化，平缓宽直无障碍。

旅游服务 TRAVEL SERVICE

游客中心

景区游人中心位于其核心区域御临洞旁，游人中心设有多媒体播放厅、接待部、咨询处、售票处、投诉处以及内容丰富的宣传资料，为游客提供各种咨询服务。

※特别提示

景区内地面向游人开放的游览路线无复杂危险地段，洞内道路相对复杂，有入洞须知和全程导游带团讲解。

巍峨龙宫

钟乳石一百年长约一公分，洞顶的钟乳石是由裂缝长年渗透含有碳酸钙的水沉淀下来的，排列整齐，好似一条条龙脊。

巍峨龙宫

水帘洞

泉水通过断壁流下来好似珍珠洒落，以水帘为门，石为洞，故名为“水帘洞”。此处专为游客设有照相留影的竹排。

佛莲献瑞

由石旗所组成，呈片状，石旗组成的几朵含苞待放的莲花倒浮在水面上，“石头开花马长角”，寓意着祥瑞。

水帘洞

佛莲献瑞

帝王华盖

一根钟乳石柱支起了盘石花，仿佛皇帝出寻时所用的华盖。

银河飞瀑

四叠喷玉飞花的银河飞瀑，上下落差达18米，是全国360多个溶洞中比较罕见的地下飞瀑，由四层形态各异的流石坝组成。整组景观十分的壮丽雄伟。

帝王华盖

银河飞瀑

张关—白岩四季 SEASON

张关白岩风景区位于长江流域中段，属于典型的季风气候，四季分明，冬无严寒夏无酷暑，年平均气温在18℃左右。景区相对于重庆主城区气温低3～5℃，且槽谷风较大，所以秋冬季节游客需要增加御寒的衣物。

美食推荐 CUISINE

张关腊肉、烤羊、飘香鸭。

张关腊肉

烤羊

飘香鸭

住宿 ACCOMMODATION

御临宾馆客房

聚福山庄

御临宾馆

☎ 023-67383555，67383111

价格：套房 280元/间

标间 180元/间

三人间 150元/间

聚福山庄

7～8人间：25元/人（上下铺）

（以上价格以实际为准）

购物指南 SHOPPING GUIDE

1. 主要工艺品有根雕和风化石。
2. 当地土特产品主要有张关老腊肉、优质土鸡和番茄。

黑山—石林 风景名胜区

黑山石林风景名胜区位于重庆市万盛区，包括黑山谷风景区和万盛石林景区两部分，为重庆市市级风景名胜区，国家AAAA级景区，是“渝南山林”自然生态游基地、长江三峡旅游带外环的重要节点和重庆周边旅游的热点地区之一。

黑山风景区是重庆目前最大的原始生态旅游景区，位于渝黔界河鲤鱼河上游，森林覆盖率达97%，峡谷相对落差达600～1000米，古树古藤、奇花异草遍布峡谷之中，四季花开不断，终年绿海茫茫。谷中负氧离子浓度最高达100000个/立方厘米以上，超过国家一级标准，如同一个天然大氧吧。这里动植物种类繁多，有国家一级保护植物银杉、珙桐、桫椤，还有国家一级保护动物黑叶猴、云豹等。黑山谷是目前重庆地区最大的、原始生态保护最完好的自然生态风景区，被专家誉为“渝黔生物基因库”。风景区内自然景观十分丰富，既有奇峰、茂林、古树，又有溪流、峡谷、瀑布；既有古老的地质地貌、溶洞、石林，又有罕见的珍禽异兽、动物、猴群。这里人迹罕至，古为夜郎国夏宫，有着各种丰富的传说，加之层峦叠嶂的群山森林中时有多雨多雾的茫茫烟雾，使整个景区笼罩着一层神秘的色彩。

万盛石林是在距今4.65亿～6亿年期间，在海洋环境中沉积下来的，比云南路南石林早2亿年左右，是我国目前考证最为古老的石林，被誉为“中国石林鼻祖”。景区集“山、水、林、石、洞”为一体，以地表

黑山谷

石林、地下溶洞等喀斯特地貌景观为主。景区内怪石林立，千姿百态，惟妙惟肖，栩栩如生。许多岩石上密布着角石、笔石、珊瑚等几亿年前的海洋生物化石，具有巨大的综合旅游观光价值和科考价值。

万盛石林

管理机构：重庆万盛旅业（集团）有限公司
地址：重庆市万盛区勤俭路25号
电话：023-48279999
传真：023-48279777
网址：www.heishantour.com

交通 出行宝典 TRANSPORTATION

万盛区位于重庆市南部、渝黔边界，距重庆主城区89公里，与南川区、綦江县和贵州省桐梓县接壤。

万盛旅游乘车指南

起始地点	乘车位置	运营时间
重庆(陈家坪)—万盛	陈家坪汽车站（每小时一班）	8：00—17：30
重庆(南坪)—万盛	南坪汽车站（滚动发车）	7：30—19：30
万盛—重庆(陈家坪)	万盛汽车站（50分钟一班）	6：00—17：30
万盛—重庆(南坪)	万盛汽车站（滚动发车）	6：30—18：00
万盛—关坝镇(27公里)	万盛旅游车站（15分钟一班）	5：45—17：45
万盛—黑山谷南门(22公里)	万盛旅游车站	7：00—16：30
万盛—黑山谷北门(22公里)	万盛旅游车站	7：30—16：30
万盛—石林（25公里）	万盛旅游车站	6：45—17：30

MAP

黑山—石林风景名胜区导游图

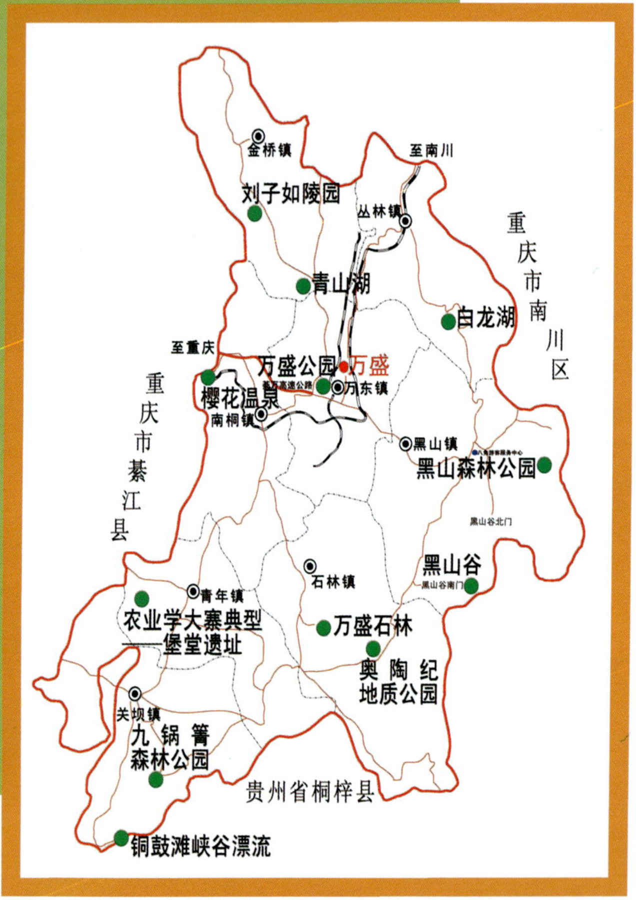

旅游服务 TRAVEL SERVICE

黑山索道

黑山谷景区各服务点运营时间

八角游客服务中心：

8:30—15:30

北门售票处及区内观光车始发站：

8:30—16:00

北门区间巴士发车点：

9:00—18:30

卧龙岗区内观光车售票及发车点：

9：00—18：00

神龙洞索道下站：

8：30—18：00

南门售票处及南门索道上站：

8：30—16：00

南门区间巴士发车点：

9：00—18：45

黑山谷

黑山谷景区位于重庆市万盛区黑山镇境内，属峡谷型自然风景区。景区原名鲤鱼河，2002年5月开放，命名黑山谷。景区距万盛城区20公里，距重庆市外环公路95公里，为国家AAAA级旅游区，2008年入选“新巴渝十二景”。

黑山谷全长13公里，集山、水、泉、林、洞于一谷，主要景点涵盖“五峡、七区、十二峰、三十六桥、九十九瀑、一百零八潭”。峡谷顶底高差多为400～600米之间，部分达1200米左右。河谷两岸谷坡陡直，坡度一般在70～80度，部分岸坡为90度直立，壁立千仞，峻峭无比。其中的锦鸡峡、黑猴峡、鱼跳峡、蝉鸣峡、神龙峡等5大峡谷，最宽约10米，最窄处仅两三米，采取浮桥、吊桥方式通行，极富情趣和挑战性。

黑山风景区的景观特点可概括为“幽”、“险”、“奇”、“秀”四个字。

幽：绵延几十平方公里的森林，遮天蔽日，古朴幽深，古树参天，竹林密集，植被优良，树种繁多，枝叶茂盛，四季常绿，林中常有蝉鸣、鸟唱，泉水叮咚，更添山林之幽静。

险：集中体现在黑山数十处，悬崖高耸，峭壁对峙，“险”谷丛生的绝壁上，老鹰嘴让人一进入景区就体会到“险关”，仰视到顶，宽仅数米，长达几百米的一线天让人通过后才体会到黑山悬崖峭壁风光之险。

奇：景区内奇峰怪石，比比皆是，既有巨佛诵经、黑猴迎宾，又有石笋独立、骆驼西行，溶洞内千奇百怪，夫妻树两树合一。草地石林奇彩纷呈，加之这片土地曾是植物“避难所”，尚有数百种珍奇的动植物更引

黑山

一线天

撑腰岩

黑山峡谷

吊桥

人好奇。

秀：景区内山清水秀，峡谷幽深秀丽，森林中环抱草地，四周点缀石林，宛如一个大盆景，清新自然，俊美清秀。林中多种树种混合，层林尽染；草中鲜花朵朵，色彩斑斓，林中绿油油，河水绿如蓝，草地碧如玉，远望有梯田，近视山清水秀。

春天，碧水幽谷，云蒸霞蔚，好似瑶池仙境；夏季，浓阴蔽日，鸟鸣花艳，恰如世外桃源；秋天，层林尽染，雾岚氤氲，仿佛写意山水；冬季，瑞雪纷飞，银装素裹，恍若梦里北国。

黑山谷六大看点：五峡、七区、十二峰、三十六桥、九十九瀑、一百零八潭。

五峡：锦鸡峡、黑猴峡、鱼跳峡、蝉鸣峡和神龙峡。

七大特色展示区：珍稀植物科普区、有氧运动测试区、民俗文化展示区、原始森林沐浴区、生态美食品尝区、养生知识传播区、负氧离子体验区。

十二峰：在黑山谷靠近贵州的一侧，有5座山峰——石笋峰、隐佛峰、黑猴峰和大尖峰、小尖峰；而西面靠近重庆的一侧，有7座山峰——青龙峰、天王峰、骆驼峰、神笔峰和令牌峰。

三十六桥：黑山谷中的桥有多种类型，有浮桥、风雨廊桥、竹筒桥、钢索吊桥、石拱桥等。其中浮桥有五处，长达1.5公里；有各种吊桥数十座。

九十九瀑：黑山谷的瀑布众多，主要瀑布有飞鱼瀑、神龙瀑、三叠瀑、梦纱瀑、琴瑟瀑等。

一百零八潭：有瀑就有潭，黑山谷最有名的有放生潭、困牛潭、飞鱼潭、卧龙潭、神龙潭等上百个。

放生潭

精品线路

石林山门—将军石—香炉山—沿芦花湖边—刘公墓—梁公墓—情侣石—同心广场—情侣泉—天鹅岭—化石长廊—壁虎峡—摇篮石—石扇—地缝一线天—万马奔腾—天门洞—关马洞片区—火焰石—千塔林—国际象棋阵—芦花湖—世纪林—将军亭—山门

香炉山

万盛石林

万盛石林“八绝”：万盛石林是中国最古老的石林，它由香炉山、刘公墓、情侣石、踩山坪、石鼓坪、千塔林、天门洞等几部分组成，共有207个景点。这些景点中，石扇、石龟、石墓、石峡、化石、石鼓、石塔、轿歌并称为万盛石林“八绝”。

石扇：巍然矗立在万盛石林景区的西北部。扇面呈南北摆放，扇高近6米，扇面直径约6.5米，最厚处不足2米。扇面重近200吨。

石扇

扇柄高约1.6米，最宽的一面约为1米，最薄的一面不足0.5米。扇面巨大厚重，扇柄细小纤弱，看似摇摇欲坠，那些远道而来的游客先小心翼翼用手轻摇石扇，石扇纹丝不动，继而大了胆子狠狠地摇，却仍然不能动其分毫。一些来自澳大利亚、英国等国家的走遍世界的旅游爱好者说他们从未见过如此巨大的“扇子”。旅游界权威人士称，无论从其体积或是重量来说，此扇皆为天下之冠，石扇因而有“天下第一扇”之美称。奇怪的是，炎炎夏日，人们只要一走近石扇，便会感到凉风习习，神清气爽。

石龟：“天上星，地上星，石林的石龟数不清。”万盛石林的石乌龟数不胜数。石林的石头是在海底形成的，因沉积岩一点一点地堆积和海水的运动，致使今天石林的石头表面有着与龟壳相似的纹路。有的石头伸出乌龟“头”和“脚”来，这便有了数不胜数的石龟。而万盛石林中最大的石龟则是石林东面的龟山。龟山长约500米。在香炉山上望去，其头南望，其尾向北，背部隆起，它可以说是万盛石林的龟王。

石墓：万盛石林的石墓有三座。一座在停车场下，另两座相临在芦花湖畔。三墓皆为古墓，建于清朝距今约130年左右的清同治年间，都修得很体面。墓正面都是雕刻着十分精美的花鸟龙狮等。而停车场下的一座石墓与石林中芦花湖畔的其中一座墓门几乎完全相似。究其原因，鲜有人知。我们只能凭想象去推测它们相同的原因。

石峡：是因为岩溶塌陷，石头断裂而成的峡谷。石林东部并行排列三个石峡，分别称为“莲花峡、鸟鸣峡、听泉峡”。三峡中最引人入胜的当数听泉峡，长达300米左右，而宽则在1～2米之间，最深80米左右。站立其中，仰头观望，只见一线蓝天，就像一绺蓝带飘过头顶。两边悬崖若削，高耸壁立，气势恢宏。两面绝壁，均由大小形状相似、重达数十吨的巨石块组成。石块间缝隙规矩，有若人工而成的古城墙一般。无论什么时候，都有水滴从岩壁上不停歇地滴落。这时候，不管外面温度多高，这里都凉意袭人。

化石：万盛石林形成于距今约4.6亿年以前，这个地区那时曾是一片波澜壮阔的汪洋大海，曾是海生物的古老家园。万盛石林化石种类繁多，形态各异。有石龟、石贝壳、石螺、石蛋等。最多的是形成于寒武纪的角石。它们大多呈黄褐色，有的露在石头的表面，有的镶嵌于石头中，姿态千形万状。化石对研究云贵高原及四川盆地东南部盆边山区的地质演变、海生物演变，有着很高的科学考察和观赏价值。

石鼓：当地的老百姓流传着这样一个至今也无法破解的民谣：“石人对石鼓，黄金五万五。谁能猜得着，买下重庆府。”石鼓高4米，直径不过1.4米，由上下两部分组成。上面一截略短，中间像被拦腰砍了一刀，上下两截衔接处仅约为接触面积的四分之一。乍看去，也是险象环生。而这么多年过去了，它仍然纹丝不动地屹立在风雨之中，毫不动摇。

石鼓

石塔：在香炉山背面，有一块面积逾一平方公里的石头城。仔细一看，这些石头都像一座一座塔，参差不一，层数不一，最高的有八层，高二十余米；最低的起码也有两层，与人高低相近。他们形状与人工堆砌的塔极相似，有基座，有沿有顶。近百座这样的塔拥挤在一起，人穿行其间，迷离难寻归途。因其数量多，便被游人誉为“千塔城”。

轿歌：是石林轿夫们为使抬轿的前后两人动作协调而自编的。这些来源于生活的轿歌体现了轿夫们的聪明才智。轿歌喊起来朗朗上口，听起来极有情趣。比如前面的轿夫看见地上有水，为提醒后面的轿夫，他喊“天上明晃晃”，后面的轿夫应一声“地上水凼凼”，就格外小心。转弯抹角时，前面喊“弯弯头”，后面应“慢慢走”。轿歌的前呼后应，提高了安全系数。

九锅箐森林公园

九锅箐森林公园位于重庆市万盛区关坝镇，地处重庆市万盛区南部边陲渝黔交界处，距主城区100公里，距万盛城区31公里，海拔1000米至1413.6米，面积654.7公顷，年平均气温14.2℃，这里春可观花、夏可避暑、秋可品果、冬可赏雪。

九锅箐森林公园地质地貌独特，集山、水、林、泉、洞于一体，具有奇、秀、险、凉四大特点。著名景点有：翠屏峰、神龟望海、仙女洞、三根银针、石轿藏经、天狼栈道、枪台烟云、太白听涛、摩崖石刻等。九锅箐的美景比比皆是，亦能处处做景，身临其中就仿佛置身于一副浓淡相宜的水墨画。

九锅箐森林公园不仅以丰富的自然景观闻名遐迩，也有其独特而深厚的文化底蕴。九锅箐森林公园前身系重庆市九锅箐农场，1970年，九锅箐被改为重庆市“五·七干校”，1975年后改建为知青农场，留下了知识青年的足迹。2006年成立的毛泽东思想文艺宣传队，真实再现20世纪70年代的政治、社会环境。许多外地游客慕名而来，九锅箐知青文化已经成为万盛旅游新兴的一道靓丽的风景线。

景区内设三星级宾馆、别墅、知青山庄、露营帐篷，另有拓展训练、实弹射击等游乐项目，可一次性接待800余人吃住，是集会议、疗养、培训、休闲于一体的旅游基地。

九锅箐森林公园

银装素裹

地质景观

知青文化

实弹射击

户外拓展训练

九锅箐宾馆

九锅箐别墅

特色观赏和体验 UNIQUE SCENERY & FESTIVALS

黑山谷观气象景观

由于黑山地形落差千余米，因此，在不同的地点与季节，可以观赏到云海、日出、朝霞、暮霭、彩虹等万千气象景观。每到大雾由山脚蒸腾升起，迷蒙的云雾一层一层地披上大山的脊梁，给黑山增添了几分妩媚、恬静的色彩，乳白色的云绕着山腰飘荡，像仙女婆娑起舞，山峰在云雾中露出尖尖的峰顶若隐若现，变化万千。置身于此，仿佛来到了人间仙境，心胸豁然开朗，使人忘却了尘世间的种种烦恼，忘记了昨日的悲欢忧伤，忘记了身在黑山，人在一幅淋漓尽致的泼墨山水画之中。每当傍晚日落西沉，晚霞又给黑山披上了雍容、华贵、辉煌的外衣，使这里景色更加迷人。从头年初冬至第二年春，在这里还能观赏到气势非凡的雪景。每当冬季来临，沉积在山上的白雪，在阳光的照射下，便形成了一幅银装素裹的北国风光画。在雪深尺余的狮子槽，有3000余亩冬可滑雪、夏能滑草的高山草甸，是重庆市“独一无二”的滑雪场。

节庆活动

苗族踩山会

万盛石林古属夜郎王国辖地，这里世代生活着一支能歌善舞的苗族同胞，灿烂多姿的苗族风情赋予了石林浓郁的民族风俗旅游特色，一年一度的“踩山会”，是在万盛石林举行的苗族重要节日。红苗歌会、苗家绝技、苗家少女六道拦路酒，以及场面宏大、搏杀激烈的斗牛、斗马等项目，集中展示苗家民俗风情。

举办时间：每年“五一”黄金周

举办地点：万盛石林

苗族踩山会

黑山谷夜郎文化节：包括夜郎国宴、夜郎夜游篝火狂欢夜、巴渝夜郎论坛、寻夜郎故里自驾万盛游、猕猴桃采摘纳凉节等活动。

举办时间：7～9月

举办地点：万盛黑山谷

住宿 ACCOMMODATION

重庆黑山谷度假酒店

重庆市万盛区黑山谷景区内

023-85276666

黑山印象假日酒店

重庆市万盛区石林镇百花村

023-4830599/48305666

购物指南 SHOPPING GUIDE

滴翠剑茗 是我国高级剑形绿茶的代表，其外形扁平似剑，挺直秀丽，色泽嫩绿黄润，香气高香馥郁，汤色嫩绿匀亮，滋味鲜嫩醇爽，叶底嫩芽明亮，属天然生态健康食品，是中国名茶之一。

黑山雪芽 来自海拔600–1200米的“黑山森林公园”及周边的高山茶园，采摘清明前的独芽头为原料，外形扁平匀直，色绿润显毫，香气馥郁持久，汤色翠绿明亮，滋味鲜爽醇厚，叶底嫩绿匀亮。

另外黑山谷优质猕猴桃、猕猴桃果酒、野生蕨菜、黑山方竹笋、牛肉酱、黑山老腊肉也是万盛的特色产品。

林海翠茗

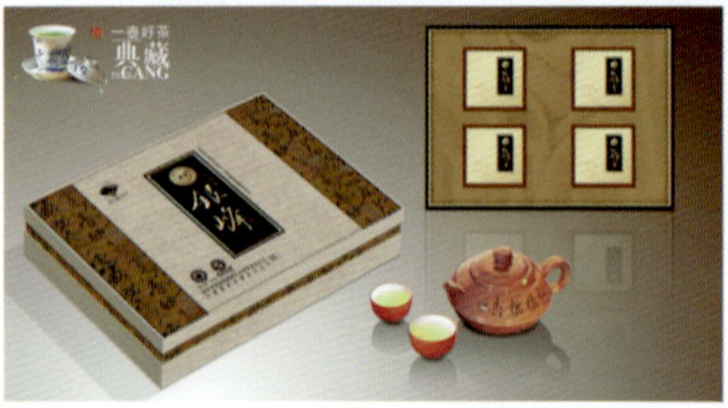

银峰

腌腊制品

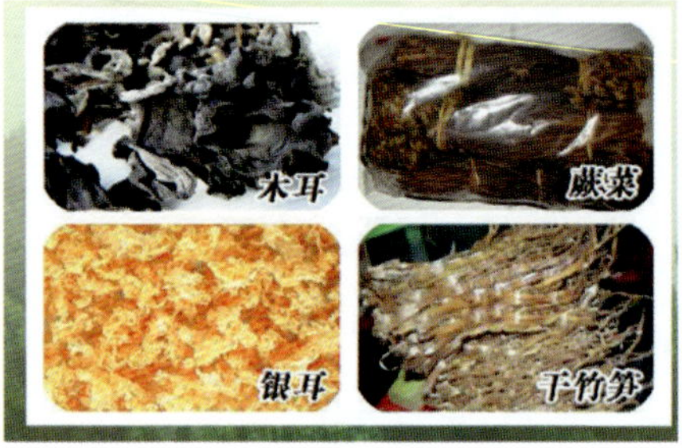

黑山特产

九锅箐森林公园特产

1. **九锅箐茶。** 条索匀整，色泽绿亮，香气鲜郁，汤色黄绿明亮，滋味醇爽。其“翠屏”茶叶商标为“重庆市著名商标”。

2. **九锅箐“腌腊制品”系列。** 肉色红黄油亮，肥瘦相宜，咸淡适口，具有熏烤味浓的传统老腊肉风味。

3. **九锅箐“椴木银耳、木耳”。** 朵大、肉厚、耳基小、易炖化，蛋白质、氨基酸、多糖体等成分含量更高，且无污染。

4. **九锅箐“虫草鸡”。**

九锅菁森林公园营销部 48271796

13896150026

地　址：重庆市万盛区关坝镇九锅箐

网　址：www.jgqpark.cq.cn

长寿湖 风景名胜区

作为西南地区最大的人工湖，中国水电专家的摇篮，《红岩》小说的原创地和长寿文化的载体，长寿湖历来为世人所瞩目。

长寿湖地处重庆长寿区、垫江县、涪陵区交界处，绝大部分水域位于长寿区境内。景区距离主城区约97公里，距离长寿区政府所在地凤城镇约18公里。长寿湖因长寿区而得名，享有西南明珠的美誉，是西南地区最大的人工淡水湖。湖区呈“Y”字型，以同心岛为中心分为东、西两大湖系，水域面积65.5平方公里，库容10.27亿立方米，200多个大小岛屿星罗棋布。湖湾岛汊交织，浅滩成片，野鸭成群。岛岸之上林、泉、瀑、岩、洞浑然天成，寺、庙、观、亭、寨异彩纷呈。置身其中，湖光山色、渔歌唱晚、柑香桔海和飞艇白浪等自然景观令人心旷神怡、神清气爽。

1992年1月3日重庆市人民政府批准长寿湖景区为省级风景名胜区。1997年命名为重庆市新巴蜀十二景之一“长湖浪屿”。

管理机构：重庆市长寿湖风景名胜区管委会

地址：重庆市长寿区长寿湖镇湖滨路25号

邮政编码：401248

电话：023-40362660

网址：http:// www.cqcsh.com

天赐神寿

长寿湖风景名胜区导游图 MAP

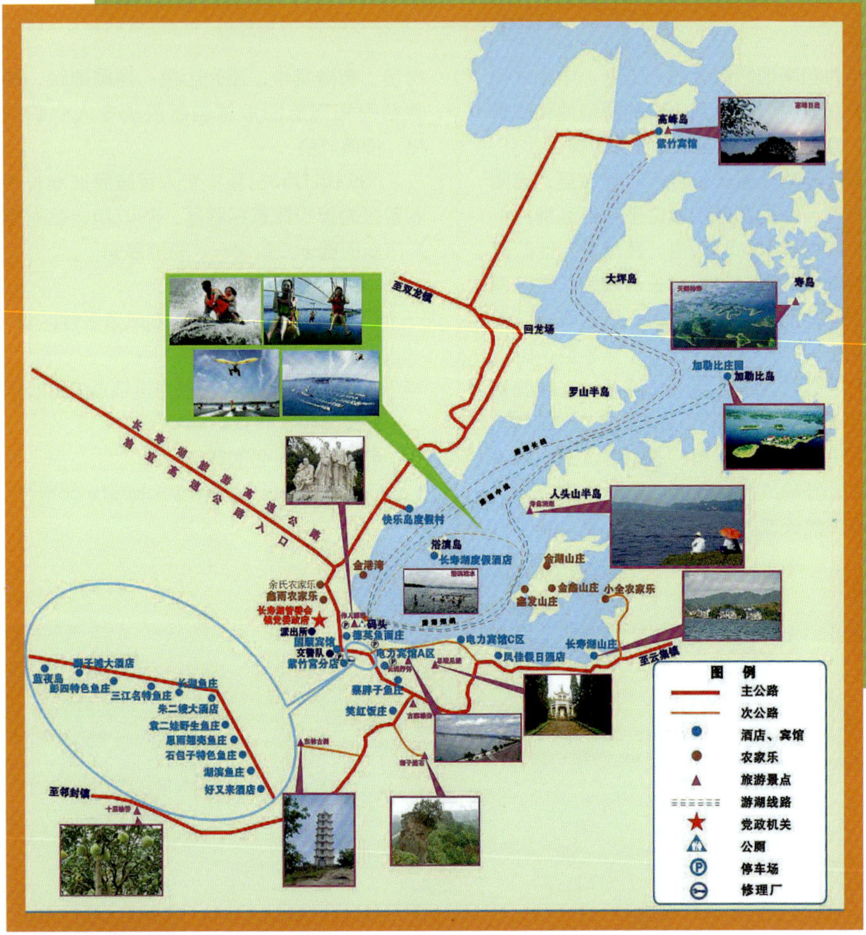

交通 出行宝典 TRANSPORTATION

长寿湖风景名胜区位于长寿主城区东北，地处重庆市腹心地带，距重庆主城区97公里，长寿城区有旅游专用高速直达景区（全长18公里）。渝（重庆）长（寿）、长（寿）涪（陵）、长（寿）万（州）高速公路交汇于长寿，景区与高速公路有专门的旅游专线公路连接。景区目前有三条道路与外部相连。西北线：狮子滩—双龙镇—合兴立交—上渝长高速；西南线：狮子滩—长寿；东南线：狮子滩—涪陵。

景区距江北国际机场80公里，距梁平机场100公里，距拟建中的重庆第二国际机场3公里。渝（重庆）怀（化）铁路和长江黄金水道均为长寿湖风景名胜区提供了便捷高效的交通条件。

长堤抒怀

进入大坝景区，一眼便可看见长寿湖拦河大坝。这是长寿湖旅游风景区重要景点、长寿湖“八景”之一的“长堤抒怀”。长寿湖拦河大坝，长1014.3米，高52米，坝宽8米，为钢筋混凝土楔形体填充堆石重力拦河坝。加上3座附坝，拦水线总长为3880米。大坝起端紧接电站引水渠的进水口，终端是溢洪闸，中部有排泥沙用的中坝闸。

长堤抒怀

总理足迹

领袖群雕

六角亭

从大坝中段沿坝外斜坡拾级而下，过小桥，爬石梯，来到坝外一侧山坡的至高处。这里树木参天，花草遍地。在绿荫丛中，矗立起的那座亭阁叫“六角亭”。它便是被誉为长寿湖“八景”之一的“总理足迹”。

1958年3月5日，周总理和李富春、李先念副总理，从武汉乘船而上，视察长江三峡水力资源后，专程视察了龙溪河、长寿湖。为纪念周总理和二位副总理视察狮子滩长寿湖并题词，狮子滩发电站在这里修建了总理纪念亭——六角亭。

六角亭为正六角形亭阁式通开建筑，蕴涵周总理六十寿辰之意。亭顶飞檐翘角，东、西方向分别建有石梯进入亭内。亭阁正中，立有一大理石方碑。石碑四方分别刻有《狮子滩水电站纪念碑文》和周总理、李富春、李先念副总理以及时任水电部长刘兰波的题词。

游览六角亭，既可全面、系统了解龙溪河水利资源开发利用和狮子滩发电站建设情况，追寻周总理等的光辉足迹；又可饱览狮子滩、长寿湖风光；还可小坐歇息，摄影留念，真是趣味良多。

安顺延年

长寿湖最大的岛屿是安顺岛。这里，原是狮子滩附近的一座山寨，名叫安顺寨，长寿湖建成后，低矮处成为湖面，高坡处形成岛屿，安顺寨随之又名安顺岛。安顺岛全岛面积达1100余亩，东低西高，呈倾斜走向。东面因湖水淹没，形成五个湾汊；西面地势高耸，屹立六个山堡。安顺岛中部至高处，地势开阔平坦，是安顺寨寨顶。寨顶偏西一侧，建有古寺无常庙。庙前一棵千年古榕，苍翠若盖。

浴滨戏水

从长寿湖旅游码头乘船沿主航道向北航行，约10分钟的航程，便来到长寿湖“八景”中的又一景点——称为“浴滨戏水”的浴滨岛。

浴滨岛面积3000多平方米，因其小巧玲珑，形若明珠，故又有“珠儿岛”之称。这里，湖岸坡度平缓，水面开阔，是理想的天然游泳场所和水上游乐活动中心。现设有跳水、滑水和手划游艇、摩托快艇、水上浮床等水上游乐设施。每逢夏季，避暑纳凉的游客蜂拥而至，或游泳，或戏水，或荡舟，或赛艇，或纳凉，或消夏，别有一番情趣。

高峰日出

乘船离开浴滨岛，继续沿主航道向北航行约20分钟左右，便来到长寿湖有名的“高峰日出”——高峰岛。高峰岛三面环水，一面接陆地，一面危崖高耸，与陆地相接部分崖陡峰高，故人称其为“岛”，且名“高峰”。

高峰岛上，天然森林茂密苍翠，荫天蔽日。由于林密幽深，气温湿润，多有蘑菇、香菌生长。岛上，山路萦绕，曲径通幽，多有山乡野趣。峰顶还有映月潭、尼姑庵、古寨门等古迹遗址。

游高峰岛，最令人难忘的是高峰看日出。无论春夏秋冬，但遇晴天黎明，登上高峰岛峰顶，一轮红日从湖面、水岛间喷涌而出，霞光四射，晨曦簇拥，波光粼粼，相映生辉。其情其景，似有东海日出的意蕴，又有峨眉日出的神韵。难怪有人将长寿湖的“高峰日出”称之为“长寿湖绝景”。

高峰日出

湖岛果香

湖岛飘香

长寿湖湖面宽阔，植被茂密，空气温暖湿润，有着得天独厚的湖盆气候，尤其适宜各种水果的生长，加上沿湖人们辛勤耕耘，在湖中的一些岛屿及部分湖滨，遍种夏橙、沙田柚、蜜桃、葡萄、西瓜等优质水果。其中尤以夏橙为最，其种植面积达六万余亩，是联合国粮农组织重要的夏橙生产基地。

夏橙为花果同枝，父子同树，一年四季树上都着花挂果，被称之为“奇花异果”。故夏橙既是汁鲜味美的优质水果，又极具观赏价值。“湖岛果香”因此成为长寿湖“八景”中的又一景观。

湘子遗石

距长寿湖大坝南约一公里处，有长寿湖又一景点“湘子遗石”——湘子山。湘子山因传说“八仙”之一的韩湘子曾在此修道成仙而得名。其山高耸在一山冈上，全长不过数百米，由三部分石寨或石堡呈东、西走向组成。东、西两侧均为石垒的山寨，中段由三墩巨石天然有趣排列而成。三部分之间相距不过数十米，却泾渭分明，互不联系。

爬上山冈，沿一山路行走数十米，便是湘子山的东寨。寨门由石柱砌成。高约2米，宽约1米，上方呈圆弧形。寨门两侧石柱上，有门联一副。上联：谋深何用提霜剑；下联：地险自能勇士心；横批：大观。

距东寨数十米，是湘子山的中段。由三墩巨石巧妙排列而成。远远望去，恰似一头睡卧的骆驼，又像一个昂头爬行的乌龟。由数墩断裂的石头相叠而成，高约20余米，倾斜而立，乍看起来，似乎摇摇欲坠。

湘子遗石

飞瀑流泉

从长寿湖旅游码头乘船，沿东湖水系向北航行，至飞龙场附近湖岸深处，有飞水洞。洞的上方，是呈“T”形的高山深谷。谷中有一股终年不竭的山泉流淌，与山谷中的高山流水汇集后，分为两股山泉从陡峭的谷口凌空飞泻而下。于是形成了“飞瀑流泉”。“飞瀑流泉”流经的水滩高达100余米，时陡时缓，倾斜而下，直至深潭。深潭紧连一小溪，蜿蜒流入长寿湖中。

特色观赏和体验 UNIQUE SCENERY & FESTIVALS

长寿湖景区属于中亚热带湿润气候区，气候湿润，雨量充沛，为各种动植物的生长繁衍提供了理想场所。景区内植被以亚热带常绿阔叶林与针叶林为主，主要树种有水杉、银杏、越桂、沙田柚和夏橙等。动物主要以亲水动物为主，数量种类繁多。据鸟类保护部门统计，景区内共有各种鸟类33属、42种，其中水禽有28种，数量达到15600余只。湖区有国家二级保护动物绿头鸭、凤头鸭、斑嘴鸭、秋莎鸭等四种，此外还有天鹅、野鸳鸯等珍稀鸟类。

长寿湖美景

长寿湖四季 SEASON

长寿湖景区属于中亚热带湿润气候区，气候湿润，雨量充沛，由河流型生态系统演变为湖泊型生态系统，形成了独特的局部气候，主要表现为水体和地形热源效应、谷地效应、冷暖效应和缓冲效应。

气温：区内常年平均气温为17.7℃；月平均气温以八月份最高，累计平均气温为28.4℃；以一月份最冷，累计平均气温

6.7℃。

降雨量：因受长寿湖和黄草山影响，景区内年降水量高于长寿区内其他地区，为1123.8毫米。降水多集中在下半年，占全年的75%；冬半年（11月至4月）雨量较少，常年降水占全年的25%。

日照：景区内日照时数为1245.1小时，以夏季时8月份光照最充足，常年月平均日照时数为235小时；以初春3月和秋季10～11月份最少，一般在100小时以下。

霜雪：景区内四季温暖，少有积雪天气，常年平均无霜期为331天。

夕阳西下

住宿 ACCOMMODATION

序号	企业名称	住宿、餐饮接待能力			联系电话
		住宿接待能力		餐饮接待能力（人）	
		总床位（个）	最大接待能力（人）		
一、酒店					
1	长寿湖山庄（准四星）	138	138	350	023-40365888
2	长寿湖度假酒店(挂三星)	105	105	200	023-40360219
3	长寿湖电力宾馆(A、C区)	111	111	250	023-40275558(C区) 023-40275439(A区)
4	凤佳假日酒店(挂二星)	197	220	220	023-40361366
5	蓝湖时光假日酒店	41	200	200	023－40363456
二、饭店					
1	笑红饭庄			100	023-40361166
2	好又来酒楼			70	023-40362043
3	蔡胖子鱼庄			140	023-40360246
4	思雨翘壳鱼庄			70	023-40361928
5	石包子特色鱼庄			70	023-40360686
6	蓝夜岛			250	023－40362999
7	朱二嫂大酒楼			200	023－40360698
三、农家乐					
1	金鑫山庄	54	54	100	023-40361082
2	金湖山庄	50	50	200	023-40361076
3	鑫发山庄	130	130	100	023-40361089
4	鑫雨农家乐	40	40	40	023-40360765
5	小全农家乐	40	40	40	023-40364103

美食推荐 CUISINE

鸳鸯鱼卷、兰花鱼卷、活水豆腐、长寿湖鱼宴。

购物指南 SHOPPING GUIDE

夏橙 长寿湖独特的湖盆气候，使这里成为联合国粮农组织重要的夏橙生产基地，“花果同枝、两代同堂”的夏橙不仅远销海外，而且还为迷人的长寿湖增添了一道亮丽的风景。

长寿沙田柚 以其口味纯正，入口化渣的独特优势而受到邓小平的称赞，是馈赠友人的佳品。

鱼面 以长寿湖鱼为原料加工而成的鱼面以其独特的工艺和丰富的营养博得消费者的青睐。

巴岳山—西温泉 风景名胜区

铜梁巴岳山—西温泉风景名胜区位于铜梁县巴岳山和西温泉山境内，1999年被重庆市人民政府命名为市级风景名胜区，面积51平方公里，距重庆60公里。巴岳山景区位于县城南郊2公里，由35峰组成，山势跌宕逶迤，云封雾锁、鸣泉飞泻、怪石嶙峋、林木茂盛，其喀斯特地貌造景极其丰富，群峰俊秀，层峦叠嶂，幽深静远，洞壑幽美，泉水清澈，植被较好，林木茂盛，构成了一幅生动的奇景画卷。主峰香炉峰海拔778米形似游龙，被誉为“巴岳游龙”，为“重庆小十景”之一。景区内有黄桷门、三丰洞、天灯石、棋盘石、飞来石、巴岳寺等数十个景点。日平均气温比山下低3～4℃，系旅游避暑胜地。西温泉在铜梁县虎峰镇温汤峡内，抗战时期闻名于世，是重庆市四大古名泉中海拔最高的温泉，日出水量2000立方米，水温常年35℃。温泉富含多种矿化元素，对人体神经系统、循环系统、消化系统疾病有较好疗效。西温泉周边群山环绕，山形千姿百态，雄奇险峻。南天门、五马归槽、绿毛神龟、乳头山、青龙洞、纱帽石、八戒石等是其著名景点。整个温汤峡被3万余亩原始森林覆盖。林竹幽深，人迹罕至，奇花异草及亿万年前的“植物活化石”——桫椤树点缀其间。陪都抗战遗迹、白崇禧公馆等文物古迹保存完好，市级风景名胜区青龙湖与之相栖相伴。

管理机构：铜梁巴岳山风景名胜区管理处
地址：铜梁县南城街道桐子社区
邮编：402560
值班电话（传真）：023-45692690
电子邮箱：tlxwgh.tl@163.com
门户网站：
http://tongliang.entweb.net/

巴岳山——巴岳寺

巴岳山风景名胜区导游图 MAP

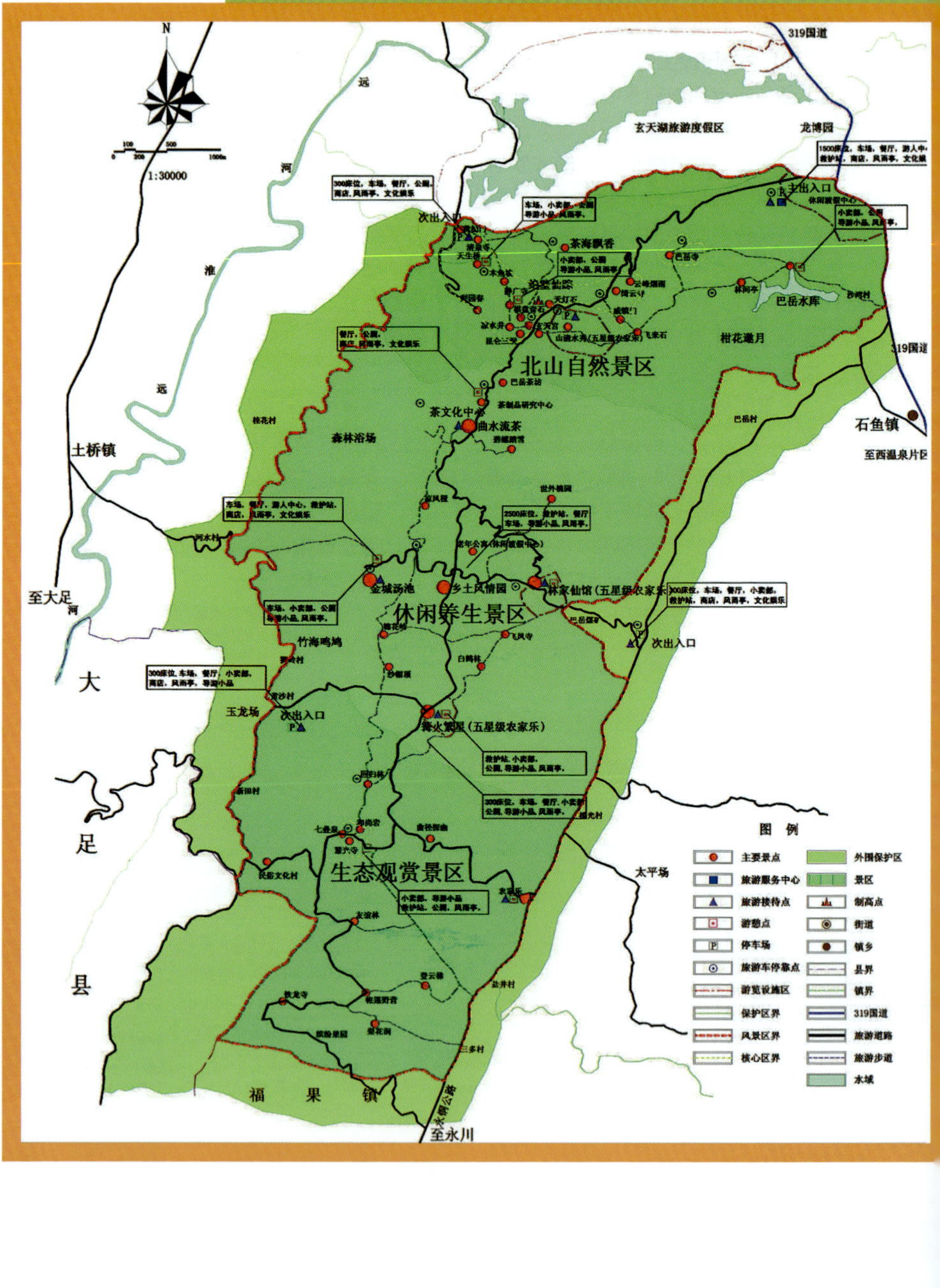

交通 出行宝典 TRANSPORTATION

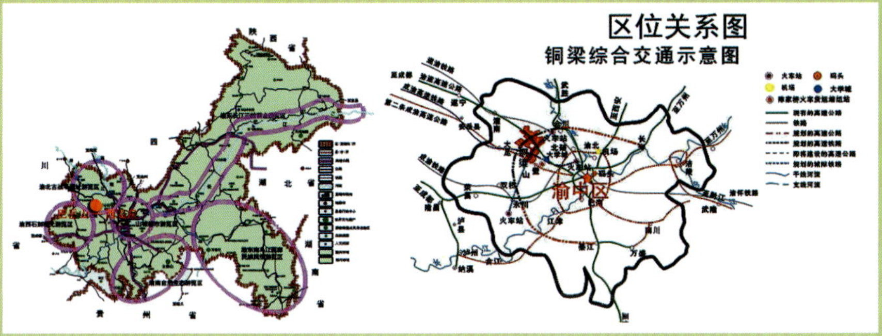

区外交通

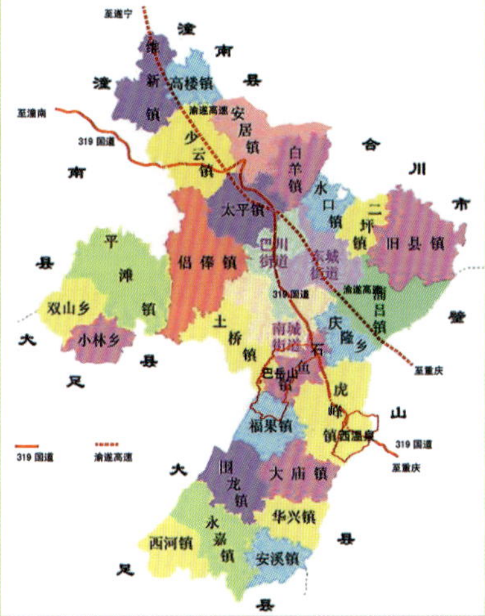

区域交通图

重庆主城区进入巴岳山—西温泉风景名胜区线路：重庆主城区经渝遂高速公路（47公里）到铜梁县城；铜梁县城到景区为8公里，一级公路。车票价格为：重庆主城至铜梁县城30元，铜梁县城至景区4元。

※特别提示：铜梁县城至景区沿途和加油站5个，汽车维修点4处，汽车旅馆5处。

区内交通

上山公路长6公里，宽8米，柏油路面。游人登山步道长4公里，宽2米，青石阶路面。

精品线路

黄桷门—天生桥—静广寺—棋盘石—昆仑三洞—天灯石—玄天宫

黄桷门

黄桷门

是棵鸳鸯树，树龄300余年。山神把它分成两半，让他们相望不能相依。他们汲取感情的乳汁，根系紧紧拥抱，主干结成连理，雌雄交颈合欢，昭示爱情美满。

天灯石

天灯石

位于巴岳山巅。当年，玄天观道士点灯其上，光照四方，人称天灯石。登临绝顶，恍若乘风直上九重云霄。

三丰洞

是道家传人张三丰修炼之所，下临伙食洞，与昆仑洞、玄真洞紧邻。当年，张三丰在此诵经研读，面壁悟道，修成正果。此洞汇集巴岳山的真气、灵气，是修身养性，许愿祈福的绝佳之所。

三丰洞

龟背石

在玉兔石上端拱起一尊状如乌龟的顽石。龟甲龟纹理错落有致，龟背弧线自然弯曲，生长着湿漉漉的青苔，好像乌龟刚从水中爬上高高的山冈上。

龟背石

巴岳寺

原名普门寺，始建于唐朝，为历朝胜景。明永乐元年僧宝峰重修，清嘉庆十一年、道光二十年补修，2002年扩修。古往今来，多有得道高僧在此修行。

棋盘石

高有十米，状如倒生竹笋。云雾缠绕，四壁悬空，刀劈斧削，人迹罕至。传说当年神仙张三丰与杨禅在此品茗弈棋，谈玄与论道。而今，石顶还有一张石桌、两根石凳，一局残棋。

棋盘石

巴岳山—西温泉四季 SEASON

辖区属于亚热带季风湿润气候区，气候温和，四季分明，雨量充沛，无霜期长。年平均气温17.9℃。无霜期年平均为325天。年均降水量为1063.8毫米，集中于夏、秋两季。

住宿 ACCOMMODATION

价位在150～300元的宾馆：

名称：巴岳山温泉度假村

铜梁县巴岳山风景名胜区境内

023—45692333

巴岳山温泉度假村

林海山庄

价位在150元以下的农家乐：

名称：林海山庄

铜梁县巴岳山风景区境内

023—45696098

户外活动场所：

名称：极地户外运动俱乐部拓展基地

铜梁县巴岳山风景区后山

023—45696058

拓展基地掠影

美食推荐 CUISINE

烤全羊、全鸡、全兔及特色农家菜。

购物指南 SHOPPING GUIDE

黄花　黄花菜又名金针菜，属百合科摺叶萱草属多年生三倍体草本植物，是一种菜药兼用的名贵珍稀蔬菜，以花蕾干制品供食用，对人体具有催眠安神之功效，其根、叶可入药，也可作饲料和造纸及人造棉的原材料。铜梁县“岚峰牌”黄花为旅游特色产品。

葛粉　又名黄斤，鸡齐，属多年生野外豆科藤本植物，具有极高的营养价值和医药价值，且易种易管，在我国素有“南葛北参”之美称。铜梁葛粉以其优良的品质，广泛赢得了消费者的赞誉，产品订单源源不断。

明月山 风景名胜区

明月山风景名胜区位于垫江西北部边缘，东起西山大堰，西至明月山分水岭，与四川大竹、邻水接壤，南至五洞镇，北与沙坪镇接壤。景区涉及太平、五洞、桂溪、新民四个乡镇，东西长28公里，南北宽4公里。2002年7月被重庆市人民政府批准为市级风景名胜区。

景区分为明月湖风景区、钟嘴寨风景区、牡丹花海风景区、生态农业园区和卧龙盐浴风景区。

明月湖风景区以湖泊、峰石为主体景观，以明月湖的“秀”和“峰顶山”、“石人山”的“幽”而著称，兼有源远流长的佛教文化。钟嘴寨以奇峰险崖、丛林古寨为主体景观，有钟嘴寨、黄龙洞、盐溪古碑、江华山等景点。太平牡丹花海景区以牡丹为主体景观。兼有瀑布、峰崖、溪湖等自然景观，有牡丹花海、太平湖、楠竹山、感应寺等景点。卧龙盐浴风景区以溶洞、古寨等自然、人文景观为主，有枇杷洞、帽合寨、十里竹廊等景点。生态农业区位于渝巫路和渝万高速路区域，有油菜花大观园、三合水库度假村等主体景观。

管理机构：023-74691567（桂溪镇政府）
023-74536329（太平镇政府）
023-74578690（新民镇政府）
023-74562700（五洞镇政府）

山水牡丹

交通 出行宝典 TRANSPORTATION

区域交通图

区外交通

垫江县位于重庆市域中部三峡库区生态经济区，距主城区120公里，境内有邻垫高速、垫忠高速、渝万高速，渝万高速自西南向东北方向贯穿垫江全境，邻垫高速、垫忠高速自西向东与渝万高速成十字交叉。从垫江上高速，向北经四川可达西安，向南经重庆可达贵阳、昆明、南宁、广州，向东可到湖南、湖北最后可达上海。垫江连接周边7个区县都有直接的公路，有102、203、302等省道过境，渝万城际铁路于2010年底开工建设。

太平镇位于垫江县城南8公里处，距重庆主城区100公里，沪蓉高速公路、渝巫路纵贯全境，旅游区辖区面积30平方公里。

由渝宜高速公路（重庆人和—长寿—垫江）下道，里程126公里，过路费80元（从上桥、童家院子、石马河、渝黔江南立交也可上渝宜高速公路）；

渝巫路，垫江县城—太平8公里；

澄溪—太平5公里。

重庆红旗河沟汽车北站乘坐重庆—垫江的大巴车，全程为高速公路，约120公里，车票价51元，行程约1小时30分（朝天门、菜园坝、陈家坪均有到垫江的班车）。太平镇—牡丹生态园区为县级公路，全程路况良好。

区内交通

景区内游人步道良好，景区全程通公路，能自驾车进入。

景区游步道

明月山四季 SEASON

垫江属于亚热带季风气候，冬温夏热、四季分明，降水丰沛，季节分配比较均匀。

太平牡丹花海

牡丹花海

以山水牡丹为主体景观，兼有瀑布、峰崖、溪湖等自然景观，牡丹与山、水、石、树、林等有机结合，浑然一体，具有特殊的美学价值，他符合人们回归自然，返璞归真的审美情趣和强调生态自然的时尚精神，牡丹花开时节群花簇拥，雍容华贵，气势磅礴，无与伦比。垫江牡丹优于洛阳、菏泽牡丹，性野、花香、根实，丹皮质量居全国之冠，极具开发价值。垫江牡丹开花早，花期长（比洛阳早10天，比菏泽早20天）。据考证，三国蜀汉丞相诸葛亮、唐朝武则天、太平公主曾到此观赏牡丹，东晋大画家顾恺之到此赏牡丹所创作的牡丹图被皇室收藏。主要景点有：太平湖、牡丹精品园、牡丹阁、牡丹陈列室、牡丹文化广场、百灵山牡丹艺术园、恺之峰牡丹文化园、双乳峰、公主岭、松花寨、太平寺、金山谷。看牡丹香源、茫茫竹海、大小天池；住牡丹农家、桂竹公寓、桃源山庄、竹韵吊楼；食农家风味、山野烧烤、特色排档。春赏国花、夏听竹涛、秋泛林海、冬观雪景，令人流连忘返！

太平湖

特色观赏和体验 UNIQUE SCENERY & FESTIVALS

观牡丹花

垫江牡丹花型大，花姿美，花期长，生长于山野沟壑之中，因山势而起伏、依危岩而生长，绵延数公里，漫山遍野。每年3月中旬初开花，到4月上旬开花结束。牡丹盛开时漫山红遍，蔚为壮观；品种有太平红、千层香、悠山艳、龙华春、鼠姑仙、罗坚红、梦神娇、醉鹿韭、长康乐等60多种，花色不仅有红花、白花、粉红花、粉紫花、紫花、粉绿二乔，而且有一株自然开两种甚至三种花的品种。

恺之峰牡丹文化园

牡丹初花期在3月25日—30日，盛花期在3月31日～4月10日。垫江每年3月下旬还开展牡丹文化节活动。

美食推荐 CUISINE

垫江石磨豆花

又称豆腐脑或豆冻，全手工制作、绵而不老、嫩而不溏、洁白如雪、清香悠长。窖水清热祛毒、醒酒解腻、回甜止渴。垫江石磨豆花的配方、制作，自有其历史渊源和独特之处，米饭、豆花、蘸水三位一体，密不可分。

石磨豆花

垫江牛肉

精选新鲜牛肉，采用传统工艺、独特配方，其色泽深褐，纤维细嫩，瘦不塞牙，醇香味厚，鲜美可口。

梅咂酒

是渝东地区民间盛行的一种自酿咂，采用优质高粱和地下泉水，依梅氏独创的“窖中窖”复式发酵酿酒工艺精心酿制而成。具有香味浓郁，原汁原味，甘甜爽冽，清热解渴，舒筋活血，健脾开胃，醒脑提神，老少皆宜等特点，含有大量的微量元素和多种氨基酸，属纯天然绿色食品。

梅咂酒

住宿 ACCOMMODATION

新华酒店（四星级）

垫江县桂西大道南阳内转盘

023-74636666

传真：023-74636666

鼎发酒店（四星级）

垫江县工农路296号

023-7463555

传真：023-74517111

营销部：023-74516838

鼎发酒店

尚格兰酒店（三星级）

垫江县南阳内转盘

023-74687777

尚格兰酒店

太平牡丹园农家乐

农家乐名称	业主姓名	接待能力	联系电话
国色天香农家乐	郑文成	25桌	13310287666
太平湖农家乐	李孝林	30桌	023–74536425
馨香阁农家乐	沈小玲	30桌	13896533892

购物指南 SHOPPING GUIDE

垫江角雕

角雕是中国传统的民间雕刻艺术之一，历史悠久。垫江角雕以珍稀名贵的中国南方和东南亚地区的白牛角为原料，利用牛角的天然色泽纹理，采用中国画的构图设计，将各种图案以浮雕和镂空的艺术手法展现，其工艺精湛，造型古朴，具有浓厚的中国传统民族风格和巴渝文化特色。

角雕

垫江白柚

又名黄沙白柚，果实11月上旬成熟，其主要特点：果实倒卵形，单果平均重1200～1300克，大的可达2250克，果面橙黄，具光泽；果肉黄白色，有蜜味和香气，品质佳。

丹皮

名贵中药材，用牡丹之根制作而成。具有清热凉血、活血化淤、镇静止痛、降压抑菌之功效。可用丹皮炖鸡、鸭或泡水喝，常吃常饮对人体十分有益。

丹皮

白柚

定明山—运河 风景名胜区

定明山运河风景名胜区位于重庆市潼南县境内，东南距重庆市90公里，西北距成都市286公里，面积70平方公里。1999年评为重庆市市级风景名胜区，主要包括大佛寺景区和杨尚昆故里景区及运河十万亩绿色蔬菜基地景区。

大佛寺景区位于潼南县城西北1.5公里的定明山北麓，是潼南县定明山运河风景名胜区中著名的游览胜地。国家AAA级旅游景区，1999年列为市级风景名胜区，2006年被国务院公布为第六批全国重点文物保护单位。景区内有始建于唐咸通年间（公元860年），高达18.43米，世界第七大金佛、我国第一大鎏金大佛“八丈金仙”，我国最早全琉璃顶的古建筑“七檐佛阁”及古代四大回音建筑之一的“石磴琴声”，全国最大的“顶天佛字”，罕见的天然回音壁“海潮音”以及“翠屏秋月”、“黄罗帐”、“合掌石峰”、“百仙岩”、“鉴亭”、“千佛岩”、“仙女洞”、“读书台”、“瑞莲池”、“鹰蛙石”、“关刀石”、“云岩飞霞”等十八胜景。还保存有始于隋、盛于唐、宋，继于明清，迄止民国，延续时间长达1400多年之佛、道教摩崖造像，身居显赫地位之官吏所题写的碑文楹联及革命纪念地。从古至今，这里都是文人学士、墨客骚人游历赏玩之胜地，实乃珍贵的历史文化遗产和发展旅游经济的宝贵资源；具有极高历史、艺术、科学价值。

杨尚昆故里景区位于重庆市潼南县梓潼街道办事处和双江镇，现属国家AAA级旅游景区，重庆市六个红色旅游景区暨十条红色旅游精品线路之一。景区有共和国第四任国家主席杨尚昆同志的旧居及陵园，共产主义运动先驱、中共四川省委第一任书记兼军委书记杨闇公烈士的旧居及陵园和全国重点文物保护单位杨氏民居，以及建于清初，涌现出杨尚昆、杨闇公、杨白冰、杨剑秋等“革命家庭”的全国历史文化名镇——双江镇等五个重要景点。其中杨闇公旧居和陵园是全国爱国主义教育示范基地、重庆市文物保护单位、青

大佛寺景区全景

少年教育基地、干部培训基地和国防教育基地，杨尚昆旧居为重庆市廉政教育基地。

运河十万亩绿色蔬菜基地景区位于西南地区最长的人工运河沿线，核心景区位于桂林街道办事处双坝村，距县城2公里。于2000年被农业部评定为“全国无公害蔬菜重点示范基地”，基地已建成5个集中片区（其中双坝村、八角村是重庆市新农村建设示范村之一），十万亩蔬菜长廊，四季绿意盎然、果蔬飘香。

管理机构：重庆市潼南县旅游局

重庆市潼南县定明山运河风景名胜区管理委员会

地址：重庆市潼南县梓潼镇体育馆4楼

邮编：402660

电话：023-85119769

传真：023-44561168

http://www.tnlyj.com/

MAP

定明山—运河风景名胜区景区分布图

交通 出行宝典 TRANSPORTATION

区外交通

潼南地处四川盆地中部偏东，重庆市的西北部，交通便捷，境内有遂渝高速公路和快速铁路，县城距成渝主城区的里程仅90～180公里，火车、汽车1～2小时内均能到达。国道319、省道205线交织其间，县城至所有镇乡的路面达到国家山岭重丘三级混凝土路标准。

（1）潼南县城距重庆江北国际机场110公里，1小时可到达

线路：机场—绕城高速—渝遂高速—潼南出口

（2）潼南县城距成都双流国际机场200公里，2小时可到达

线路：机场—绕城高速—成南高速—渝遂高速—潼南出口

（1）重庆菜园坝、陈家坪

乘豪华大巴车从重庆出发经渝遂高速—潼南出口，距潼南县城90公里，1小时到达。

发车时间：6点30分，以后每30分钟一次。

价格：48元／人

（2）成都火车北站、荷花池车站

乘豪华大巴车上成南高速—渝遂高速—潼南出口，距潼南县城180公里，2小时到达。

价格：58元／人

区域交通图

重庆龙头寺火车站至潼南站，1小时到达。

价格：25元／人

成都火车北站至潼南站，2.5小时到达。

价格：30元／人

区内交通

定明山运河风景名胜区内交通极为便利，公交车可直达大佛寺景区和杨尚昆故里景区及运河十万亩绿色蔬菜基地景区。公交车费1～5元，出租车3元起价加2元的燃油费。

旅游服务 TRAVEL SERVICE

定明山运河风景名胜区在每个核心景区都设有游客接待中心。

游客投诉电话：023-44561168

大佛寺景区游客接待中心是自然和人文景观的集中展示，查询、综合信息咨询、提供景区宣传资料、接受医疗救助等一体的综合服务设施。

门票价格：成人30元/人，儿童15元/人

023-44566669

网址：http://www.tndfs.com

杨闇公烈士事迹陈列室

杨尚昆故里景区游客接待中心是杨尚昆主席、杨闇公烈士光辉的一生集中展示，查询、综合信息咨询、提供景区宣传资料、接受医疗救助等一体的综合服务设施。

门票：免费

023-44860569

网址：http://ys.tn.cq.cn

大佛寺景区潼南金佛

高八丈，号金仙，故称“八丈金仙”，为佛、道二家共同凿造的一尊大型摩崖饰金大佛，通高18.43米，雕刻精湛，比例匀称。佛头开凿于唐咸通年间（860–873年），佛身开凿于北宋靖康丙午年（1126年），于宋绍兴辛未年（1151年）凿成，经过宋绍兴壬申年（1152年），清嘉庆七年（1802年），同治九年（1870年）和民国十年（1921年）四次装饰金身，至今保存完好，为我国第一室内饰金佛。

依岩凿造的弥勒大佛，坐北向南，依岩面江，脚踏江岸，头与山齐，头饰螺髻，面颊丰腴，慈眉祥目；内着僧祇支，外穿双领下垂外衣，左手抚膝，右掌平仰横置腹前，裸跣双足，善珈趺坐。造像比例匀称，雕琢细腻，通体饰金，巍峨壮观，端庄慈祥，工艺精湛，精美绝伦，栩栩如生，充分展示出佛的“至上至尊”，“无为无不为”之神态。

大佛穿金仪式

潼南金佛

大佛寺石磴琴声

大佛寺鉴亭

杨闇公烈士陵园

系全国重点烈士建筑保护单位，位于潼南县城郊尖山子，占地50亩，邓小平为陵园题名——“杨闇公烈士永垂不朽”， 陵园内主要纪念建筑有牌坊、陈列接待室、塑像、烈士墓以及邓小平、朱德、江泽民、杨尚昆、李鹏、聂荣臻、张爱萍、廖汉生等党和国家重要领导人的题词碑林。

杨闇公烈士墓

杨闇公旧居

坐落在潼南县双江镇，是典型的南方清代民居建筑，由江泽民同志题写馆名。

杨闇公旧居

杨尚昆旧居

位于双江镇金龙村长滩子，又名“长滩子大院”、“四知堂”，始建于清同治元年（1862年），为木结构悬山顶四合院建筑。

杨尚昆旧居外观

杨尚昆陵园

位于潼南城郊卫星村，与杨闇公陵园直线距离600米。陵园由陵道、瞻仰广场、墓区、怀念林等部分组成。林内有毛泽东、刘少奇、朱德等老一辈革命家亲属敬立的青石碑。

杨尚昆陵园广场

运河十万亩绿色蔬菜基地

运河十万亩绿色蔬菜基地

精品线路 *a*

潼南“金佛名人古建筑”精华一日游：双江镇—杨尚昆故里景区—大佛寺景区。

精品线路 *b*

生态观光休闲一日游：运河十万亩绿色蔬菜基地景区—东升绿色生态茶园。

青云湖—鞍山原始森林公园。

精品线路 c

宗教朝拜一日游：大佛寺景区—马龙山卧佛。

精品线路 d

潼南菜花节旅游线路：潼南崇龛菜花景区—双江镇—杨尚昆故里景区—大佛寺景区—运河十万亩绿色蔬菜基地景区—东升绿色生态茶园。

定明山—运河四季 SEASON

月 份	1	2	3	4	5	6	7	8	9	10	11	12
月平均降雨量（毫米）	18	15	29	25	35	28	25	20	29	20	16	15
月平均气温（℃）	12	15	19	20	23	28	33	38	35	24	20	13
穿衣情况	羽绒服	羽绒服	厚毛衣	薄毛衣	薄型套装	长袖衬衫	短袖	短袖	长袖衬衫	薄型套装	厚毛衣	羽绒服

美食推荐 CUISINE

潼南太安鱼被评为重庆“十大”江湖名菜，全国闻名，双江陈凉粉已有100多年的制作历史，因其味道鲜美深受群众和游客喜爱。

太安鱼

购物指南 SHOPPING GUIDE

潼南物华天宝，资源丰富，素有鱼米之乡、蚕桑之乡、黄桃之乡的美称。境内有各类生物3000多种，无公害蔬菜、柑橘、蜜梨、柚子、银杏等农副土特产品品种众多，东升银芽、黄桃罐头、涪江大曲、双江五香花生米等特色农产品深受广大消费者的赞赏和信任。

潼南黄桃罐头

住宿 ACCOMMODATION

潼南大酒店简介

潼南大酒店

潼南大酒店豪华套房

潼南大酒店是原国家主席杨尚昆亲笔题写“潼南电力大厦”旗下的3星级酒店。位于潼南县城，距重庆98公里，距成都市196公里。酒店拥有91间（套）豪华舒适的客房。

中国重庆市潼南县梓潼镇石院街38号

023-44550988

传真：023-44558898

QQ：920143891

价格：148～348元

天宝大酒店

潼南天宝大酒店简介

潼南天宝大酒店毗邻杨闇公陵园及大佛寺景区，是一家集美食、客房、娱乐、会议为一体的三星级酒店。酒店配备有多功能宴会大厅和茶楼，拥有中西融贯的现代装修风格的客房38间。

地址：潼南天宝大酒店位于石院街88号

023-85119556

023-85119556

价格：138～188元

天宝大酒店港式风格标间

御园大酒店简介

御园大酒店

御园大酒店按照国际3星级酒店打造，拥有56间客房，是一家集美食、休闲娱乐于一体的高档商务酒店。

重庆潼南江北新区向阳路8号

023—44596700（总台）

023—44596668（订餐电话）

价格：158～499 元

御园大酒店客房标间

古剑山—清溪河 风景名胜区

古剑山清溪河风景名胜区位于綦江县城西北部，是重庆市市级风景名胜区，十二五重点开发旅游景区、重庆市十二五旅游精品景区、重庆市山水都市旅游重点景区、重庆市太阳工程项目。是距离主城最近的集休闲养生、宗教体验、避暑度假、户外康体为一体的休闲避暑养生区。景区距重庆主城仅40分钟车程，未来几年内，綦江至主城的时空距离将缩短至13分钟。

古剑山风景名胜区包括古剑山森林公园、长田森林公园和清溪河三个景区，辖区面积100平方公里。其中，水资源非常丰富，水体面积达2576亩。古剑山海拔高度在850—1150米之间，森林面积7.5万亩，覆盖率达85%以上。

古剑山"养生城"首期开发40平方公里，实施"653"计划，包括"六大主题公园"：鉴山生态运动公园、"南州一棵树"古树公园、东黛湖童话主题公园、中国农民版画公园、汽车主题公园、品牌发布公园；"五大基地"：重庆国家网球训练基地、重庆青少年素质教育拓展基地、重庆寺观园林基地、国际商务会务基地、重庆企业（集团）总部基地；"三大中心"：樱花林养老中心、南黛湖养生中心、梨花寨绅士养生中心。

管理机构：古剑山清溪河风景名胜区开发管理委员会

地址：重庆市綦江县古南街道鸡公嘴

邮编：401420

电话：023-48699055／48651011

传真：48699098

E-mail：qjlvyouju@163.com

http://www.cqqjly.com

古剑雄姿

MAP

古剑山—清溪河风景名胜区导游图

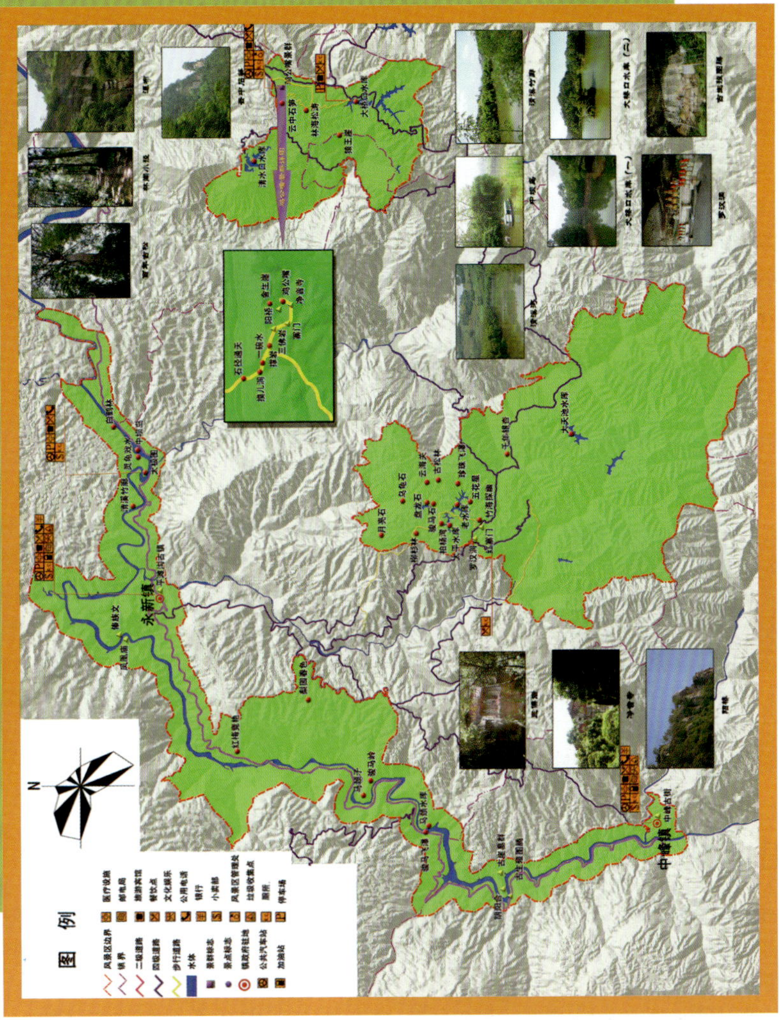

旅游服务 TRAVEL SERVICE

景区设有古剑山清溪河风景名胜区规划展览馆，馆内提供了信息咨询和查询。另景区大门附近将规划建设大型停车场和游客接待中心，为游客提供相关旅游服务。

游客中心信息咨询点

交通 出行宝典 TRANSPORTATION

区外交通

古剑山风景区所在地綦江县位于重庆南部，东连万盛区、南接贵州省、西临江津区、北靠巴南区，素有“渝南门户”之称，属重庆都市圈卫星城市，县城与重庆主城有渝黔高速公路相连。景区距綦江县城约12公里，从主城到景区现近1小时车程。

※特别提示

景区周边加油站：渝黔高速綦江服务区；渝黔高速綦江出口；黄木湾加油站。

维修点：渝黔高速綦江服务区；綦江沱湾维修站；渝黔高速桥河出口。

区内交通

景区内交通体系健全，有鉴山大道，名山环线，1、2、3号贯通步游道。区内景点可进入性强。

净音古寺

净音古寺

净音寺是古剑山最著名的景点之一，它坐落于山顶最雄浑开阔处，始建于公元960年至1127年的前宋时期，距今已有千余年的历史。净音寺香火旺盛，善男信女络绎不绝，百里之外慕名而来，故有“鸡公嘴的菩萨——应远不应近”之语。神佛情态各异，灵光四射；金鸡翘首啼鸣，栩栩如生。同心锁迎风发出清脆的响声，仿佛在诉说天长地久的故事。舍身岩下是万丈悬崖，令人望而却步。绿水青山尽收眼底，綦城、桥河和三江街道隐约可见。

长田山森林公园

长田山森林公园，整体山脉绵延70余公里，集中成片的国有林533.3公顷，森林覆盖率90%以上。植物品种繁多，自然植被为亚热带常绿针叶林和落叶阔叶林。这片森林已有上百年未被采伐过，是綦江目前保存最完好的森林植物库，被誉为綦江的“原始森林”。

长田山地形独特，崇山峻岭，巍峨壮观。有翘首长田北端的青龙嘴，极目远眺，一览群山，永新城镇，田园农舍，尽收眼底；有古寨通道红寨门遗迹，势插云霄；有形如月亮、盘龙、骏马、乌龟的月亮石、盘龙石、骏马石、乌龟石；有从深山溪涧中哗哗流淌，又在悬崖峭壁边一泻而下的山泉瀑布；有终年绿水盈盈的老水库、柏杨湾水库和太平水库，山水相连，水天一色，相映成趣；在人迹罕至的林海里随处都是盘根错节、高大挺拔、藤蔓缠身的古树；楠竹海苍翠挺拔，箭竹林密不透风；据说还有多种禽兽出没于深山密林。

长田林海

漫步林海，空气清新，有丝丝香甜的感觉。夜宿长田林海，身在“明月松间照，清泉石上流”的意境中，充满诗情画意，令人心旷神怡。

清溪河

清溪河古名奉恩溪，发源于贵州省习水县，是綦江县内第二条大河，经中峰镇和永新镇至清溪口汇入綦河。全长79公里，县境内清溪河长38公里，由鹅公沱至清溪口可以通航。清溪河以“清、幽”见长，两岸绿竹扶疏，清幽惬意。更有波间倒影，白鹤翱翔，荡舟其间，可饱览自然美景。

清溪河太极图

清溪河上游段曾是古代僰人生息繁衍的地方，近百座汉代崖墓上刻有马、鱼、人物、叶脉纹等，是巴文化的重要内容。在清溪河岸古驿道旁刻有先人为求子、祈福而留下的几千根男性生殖器石刻，乡土人叫石槌子，造型逼真，寓意深远，根体上咸丰、同治、光绪和求子得灵的字迹清晰可辨。专家认为其规模之大，保存之完好在国内首屈一指，在世界也属罕见，具有极大的研究和开发价值。

清溪河中游段群山环抱，险峰壁立，峭壁万仞，骏马岭巍峨耸立。永新平滩沟古镇明清街，斗拱飞檐，古朴宁静。清溪河东岸有万亩梨园、梅园，每年的“凤凰山梨花节”引来上万游客踏青赏花，寒冬腊月红梅傲雪怒放、分外妖娆。

永新梨花

清溪河下游段山水风光清幽，两岸翠竹茂密。绿水环抱的中坝岛古树参天，竹影婆娑。数千只白鹤或栖息竹林，或展翅高飞，或盘旋水面，有的还停立船头。撑一支长篙，向青草更青处漫溯。满载一船星辉，在星辉斑斓里放歌。

特色观赏和体验 UNIQUE SCENERY & FESTIVALS

观音菩萨生日庙会：一年三次，时间分别是阴历的2月19日、6月19日和9月19日。节会期间，前来烧香拜佛的游客众多，景区人潮拥挤。

另外景区为也是夏季避暑养生、冬季篝火烤羊的好去处。

观音法会

古剑山—清溪河四季 SEASON

古剑山清溪河风景区属亚热带湿润气候区，具有副热带东亚季风特点。景区海拔高度为800～1150米，森林覆盖率在75%以上，气候表现为：冬暖、春早、夏季早晚温差大，全年平均气温18.5℃，夏季平均温度25℃，夏天比主城区低5～7℃。雨量充沛，光、温、水有明显的地域差异。适宜夏天避暑，冬天赏雪。

古剑山日出

美食推荐 CUISINE

北渡鱼

北渡鱼出自綦江的北渡场，吃北渡鱼最讲究的是鱼的现场宰杀和调料的搭配。北渡鱼用的全是鲜活的草鱼、花鲢、鲶鱼、黄辣丁、黔鱼等。一般点单后厨房才开始现宰现杀，这样才能保证鱼的新鲜。北渡鱼采用快刀宰杀切片，放进调好味汤的沸汤里打几个滚，浇上密制香油，就上桌了。快煮的方法让北渡鱼嫩如豆腐，用舌一抿就能剔出刺。北渡鱼有3种制作方法：麻辣鱼、番茄鱼或者酸菜鱼，还有鱼头豆腐汤。麻辣鱼是北渡鱼的主流，端上桌来是一盆极猩红深沉的汤汁，麻辣鲜香，蒜味浓郁，回味悠长，具有鲜、香、麻、辣、嫩、爽的特点。

古剑山养生菜系

古剑山养生菜系选用优质原生态有机原材料，不加任何添加剂，体现的都是菜肴本身的原汁原味，它以传统中医理论为指导，遵循阴阳五行生化收藏之变化规律，对人体进行科学调养，保持生命健康活力，从而达到保养身体、减少疾病、增进健康、延年益寿的目的。对注重养生的您来说是个不错的选择。

养生菜

北渡鱼

住宿 ACCOMMODATION

1. 价位300元以上：

綦江会馆、新百利酒店、馨都商务酒店。

2. 价位150～300元：

德信度假酒店、通力宾馆、竹园度假村、翠竹山庄。

3. 价位150元以下：

玉龙庄、君康山庄、南山休闲山庄。

綦江会馆

新百利酒店

购物指南 SHOPPING GUIDE

“饭遭殃”、“味你想”系列产品的辣椒、“金角老四川”五香牛肉干及其系列产品、“郑胖子”牌萝卜干系列食品、“綦江红”萝卜干、荚竹笋系列产品。

另外綦江农民版画、任氏陶艺、古镇木雕等均为特色工艺品、纪念品选购佳品。

饭遭殃

任氏陶艺

綦江农民版画——竹竿舞

九重山 风景名胜区

九重山风景名胜区位于重庆市城口县西南，距县城22公里，与庙坝、罗江、蓼子、明通、周溪、双河等镇乡相邻。东西长14.5公里，南北宽10公里，面积为4705公顷。境内最高海拔2471米，最低海拔700米，相对高差1771米。

九重山以浩瀚的原始森林、辽阔碧绿的草场、幽深的峡谷为主要特色，由崩溪河、九重山、樱桃溪、白沙河及四十八个青草塘等景区组成。春花烂漫，夏树葱茏，秋叶如醉，冬林映雪，无时不美。民俗风情，特色鲜明。红军战斗遗址，古寨遗址尚存。风景区有着深厚的文化背景，充满各种民间神话传说，自然与人文景观精品不可胜数。

景区内森林覆盖率达60.2%，有大片的原始次森林，天然植被良好，为野生动物繁衍生息提供了良好的生态环境。其中有国家Ⅰ级保护动物5种，国家Ⅱ级保护动物55种，有国家一级保护植物6种，有国家二级保护植物191种。风景区内大气环境、土壤环境及水质环境均达到国家一级标准，空气清晰，负氧离子含量高，是全市乃至全国不可多得的生态旅游胜地。

管理机构：城口县市政园林管理局
地址：城口县土城路半月池1号
邮编：405900
值班电话：023-59222620

九重山风景名胜区

海豚峰

位于樱桃溪的右侧，距樱桃园约1000米，型似海豚，头部、身体等栩栩如生，该山峰植被完好，动物种类繁多，生态系统十分完整。

一指峰

位于崩溪河左侧，高约680米，山的周围悬崖绝壁，如一柱擎天，怪柏奇松，倒挂峭岩之上，真是“苍松伸臂扶白云，林鸟敛翅观过客，一指独峰河边立，览尽人间好景色”。

仙驼峰

九重山至樱桃溪之间的雄伟山峰，其型似一匹昂首阔步前进的骆驼，长约3000米，相对高差为2500米，整个山峰植被完好，原始次森林郁郁葱葱，生物资源十分丰富。

九重山

原名九龙山，传说有一巨龙生下九子，依出生先后相依于崩溪河和樱桃溪之间，形成奇妙的九座山峰，从西南向东北呈一字排列，从众多的山峰中挺拔而出，直插云霄，后来人们变称九龙山为九重山。

天坑、阴河

风景区内沿白沙河、梆梆梁、四十八个青草塘一线，从东南向西北排列着大小不等的四十八个天坑，最大的有6000平方米，最小的100平方米。有的天坑与地下阴河相通，有的能从天坑口听到地下阴河潺潺的流水声。从天坑口抛石而下，其声在空谷中久久回荡。据专家考证，天坑阴河景观石恐龙时代经复杂的地质运动而形成。地下阴河由东南转向西北，最后喷涌而出，形成壮观的崩溪河大瀑布。

白马洞

位于九重山景区，是崩溪河的发源地之一，地下溶洞，长约6000米，洞中千奇百怪的钟乳石，有的像白马奔驰，有的像犀牛望月，有的像群猴闹春，形象栩栩如生，洞内凉风习习，水雾缭绕。洞中有洞，景中有景，洞景无穷。相传在古时候，崩溪河口一带的稻田秧苗，第一天栽下，第二天就被不明之物吃光，第二天又种上，第三天又被吃光，第三天夜晚派村民守候，深夜星光下，发现一匹白马正在吃第三天种下秧苗，村民用弓箭射击，白马奔山而去。后来发现山中留下一洞，人称白马洞。

天地一线

位于关门峡的西北向，有两座雄伟的山峰，山峰之间最窄处仅3米，峡长300米。谷深幽静，人在此境中，只可看见一线天空。景色十分壮美。

二道门

两岸山峰对峙，如刀劈一般，溪流沿峡谷曲折而下，至此处流向开阔之地。堪称小三峡的第一道峡。

情人谷

峡长200米，宽8米。相对于前两道峡，地势较为开阔，此处双流汇聚，涌入河谷。春夏季节，谷内山花烂漫，流水潺潺，常有水雾弥漫，宛若仙境，让人留连忘返。相传当地古时情人的幽会之地。

三道峡

位于雌雄二龙潭上游30米，有一峡谷长20米，平均宽5米，顺山势曲折排列，又称三道峡。

二道峡、关门峡、樱桃溪

二道峡和关门峡相距1000米，中间怀抱樱桃溪，进入关门峡，仿佛进入了桃花源。樱桃园农家主人十分好客，每当远客来临，常拿出好酒与客人畅饮。二道峡紧靠樱桃溪，迂回曲折，游览此地，仿佛进入了地下龙宫，景观别具一格。

九重山风光

九重山风光

九重山四季 SEASON

九重山风景名胜区属亚热带温湿气候，气候温和，雨量充沛，日照较长，四季分明，常年平均气温13.8℃，年际变化稳定，光、热、水比较协调。

购物指南 SHOPPING GUIDE

城口老腊肉、核桃、野生岩耳、黄安坝野生蜂蜜、黑木耳、香菇、中药材、野生板栗、苦荞、茶叶、生漆　厚朴、天麻、黄连、党参、山神漆器、野生山珍。

特色观赏和体验 UNIQUE SCENERY & FESTIVALS

云海

九重山风景名胜区由于相对高差大，春、夏、秋三季均可看到云海景观，特别是雨后初晴，云雾满山飘，似云海蒸腾，群峰时隐时现似蓬莱仙境，登顶观日如峨眉半观。

晚霞

登九重山观晚霞，太阳即将落山，夜幕降临前，在西方的天空形成绚丽的晚霞景观。晚霞色彩变幻莫测，像神秘的魔术师变幻魔法，一会儿像暮归的老人赶着羊群，一会儿像巨人正撒渔网，一会儿像群兽西奔，随着夜幕降临渐渐消失。

九重山风光

彩虹

春夏季雨后天晴，经常在山沟至山腰一带出现彩虹现象，形成半圆形的七彩光环，大小不等的彩虹，有时会出现2条，十分美丽，从形成到消失，时间长短不一，长约25分钟左右，短约5分钟。

日月奇雾

在白沙河千亩草场上，经常出现迷雾奇观。雾景呈圆柱形直线分布，横卧于草场之上，东南大情侣峰，西北到庙儿垭约3000米长。

图书在版编目(CIP)数据

中国风景名胜区游览手册④／中国风景名胜区协会编著．—北京：中国建筑工业出版社，2011.7
ISBN 978-7-112-13069-6

Ⅰ.①中… Ⅱ.①中… Ⅲ.①风景区—中国—手册②名胜古迹—中国—手册 Ⅳ.①K928.7-62

中国版本图书馆CIP数据核字(2010)第051565号

责任编辑：郑淮兵
责任设计：陈　旭
责任校对：关　健

中国风景名胜区游览手册④
重庆市
中国风景名胜区协会　编著
*
中国建筑工业出版社出版、发行（北京西郊百万庄）
各地新华书店、建筑书店经销
北京方舟正佳图文设计有限公司制版
北京方嘉彩色印刷有限责任公司印刷
*
开本：880×1230毫米　1/32　印张：7　字数：340千字
2011年7月第一版　2011年7月第一次印刷
定价：51.00元
ISBN 978-7-112-13069-6
(20475)